你們的緣分已經盡了

一個羅漢腳緣起緣滅的故事

無邊◎著

博客思出版社

目錄

目錄

自序

六年前我剛退休不久，有位學生寄來一本書，是位退休人士自述他過往的歷練與感受，同學沒有說明送書的目的，想必她知道我應該了解。

回想退休第二天，就收到一份大禮，醫院通知我得了攝護腺癌第二期，手術後復健期間，又因開刀引起腸阻塞兩度住院，隔了一年，再度因爲左右腹股溝疝氣分別再動手術，可眞是流年不利。

這樣的退休日子，哪還有時間和心情去記述過去的經歷與體驗。

等到身體狀況稍爲穩定，開始參加學校開設的體適能課程，不久遇到疫情爆發，體適能課程停擺，改在社區健身房自我練功，養成現在固定運動的習慣，身心明顯獲得提升與改善。

這段期間一直沒有忘記那位同學沉默的期待，經常思考是不是要定下心來，將過去飄泊多變的生活經驗紀錄下來，整理成冊。

我國中畢業，選擇投筆從軍，出操拿槍當娃娃兵，高中資格是國軍隨營補習的同等學歷。還在服役期間，拿著這張證書去報名大專夜間部聯考，被排隊在後面的人竊笑不已——這是什麼學校畢業的。

我第一志願是海專，因爲可以在比較短的年限內取得船副執照。果然如願，不但有機會上船工作賺錢，還能免費遨遊各國四處觀光。

幾年後結婚，生命到了另一個轉捩點，陰錯陽差考上公職。擔任公務員不久，適逢教育部試辦專科學歷報告研究所，就以海專資格考上碩士班就讀，畢業後一年再攻讀博士。之後原本服務的機關裁撤，正好兼課的學校有名額出缺，順勢轉任到學校擔任副教授，其後升任教授直到退休。

我不是什麼大人物，沒有顯赫的資歷，也沒有特殊際遇，搆不上寫「自傳」的條件。而且歲月不留情，智力與體力逐漸消磨殆盡，想要寫些需要深入思考與搜集資料的題材，已力不從心。

想了許久，突然靈光乍現，不如談一些現在還記憶清楚，印象深刻，又不用太傷神，可以閒話家常的事情。

那麼，什麼樣的話題最容易下手呢？大部分人應該都會同意，能讓你感受到最重要、快樂或痛苦指數的事物，肯定就是你終生永難忘懷的大事。

聽說巴菲特曾經說過：「人生的最大的投資，是找個好老婆。」顯然「投資」對巴菲特而言，就是絕對至關重要的大事。我這輩子不懂投資，所以沒能找到一個符合巴菲特定義的老婆，倒也蠻合理的，怨不得天，尤不得人。

不過，過去那一段婚姻的遭遇與波折，不就是我一生中經歷過的最大衝擊嗎？其中的細節點滴，至今記憶深刻，不必翻箱倒櫃，所需資料全都在我腦中，俯拾卽得。

於是，我找到了撰寫的題材。

我成長所處時代，是一個傳統保守的社會環境，國中時期很少和女生講話，記得畢業那天，大家都在校園瘋玩，教室只有我和一位個性大方的漂亮女生在，她跟我要照片作爲紀念，我說沒有，她說畢業證書的大頭照也可以，我竟然臉紅耳熱，嚅嚅地說回去找找看，之後，再沒機會單獨遇到她。

與其說是社會環境保守，不如說是我個性羞澀放不開，所以直到認識前妻前，都沒有正式交往的女生。而認識前妻相處不到三個月就結婚，這樣倉促成婚的過程，其後果就可八九不離十猜個準。婚姻對我的影響不止是婚姻，而是其後大半生的感情價值觀。

本書所敍述的內容，聽起來或許比較像是一個虛幻的故事，一段茶餘飯後的話題，或是寄情於「白頭宮女話天寶」的歲月滄桑。可惜我不比宮女，沒有那麼多引人入勝的宮廷軼事，只能勉忝是「黑髮老翁話當年」，努力重拾自己的記憶，這才發現，原來我已經走過，風風雨雨的一生。

作家三島由紀夫說：「若不將回憶美化、不去遺忘厭惡的過去，人是沒有辦法活下去的」。我不是大文豪，實在無法將回憶美化，但沒遺忘不堪回首的過去。

緣起

清浙江吳興人氏孫霖，於乾隆初期渡海來臺，著有「赤嵌竹枝詞」，其第五首：「結緣纔過又中元，施食層臺市井喧；三令首除羅漢腳，只教普度鬧黃昏。」形容早期臺灣中元普度搶孤情境，即有羅漢腳一詞。

收錄該詩的臺灣知府余文儀批注：「是月也，最多『羅漢腳』」搶孤打降，結黨滋擾。」至於爲什麼這些「搶孤打降，結黨滋擾」的人被稱爲「羅漢腳」，一般民間說法，是因爲他們無宅無妻無子，居無定所，四處流浪，破鞋赤腳，一如佛教苦行羅漢裝扮，另外這些遊民爲求遮風避雨，大多寄宿廟中羅漢神尊腳下，故有此稱呼。

現在已經約定成俗單指未婚或鰥居的男子爲羅漢腳，而非早期被官方打壓從事偷拐搶騙的無賴，或結黨滋擾打家劫舍的惡棍。

本書副標題「一個羅漢腳緣起緣滅的故事」取名的靈感，並非源自前述歷史考究，只因算命的一番話而已，這還得從我母親說起。

身爲一位母親，對失婚的子女自然是關懷備至，不時提醒我要再找一個伴。時日一久，見我無動於衷，也就不抱希望，逐漸釋懷。在她離世前，突然主動談到我的婚姻，說其實我離婚，至今單身，早就在她意料之中。

原來我剛一出生，家人就去請人算八字，命理師說了幾件事，包括將來會離鄉背井，白手起家，文職命格，還有命中帶孤，少有子息等等。

後來，爲了調職的事，遠嫁台南的大妹幫我去問當地通靈人士，錄製了一卷錄音帶寄給我，印象最深刻的兩件事，說調職不成問題，而且這個單位與我有緣，會做到退休爲止；另外一件事更是鐵口直斷，直指我是羅漢腳的命，一旦結婚就會離婚，那怕七十歲再結，照樣會離。

再有一事，金門城隍廟旁有一位神準的卜卦老師，有次我帶兩位研究生金廈四日遊，順道去見識一下，老師當著學生的面，毫不保留說我這一生「人不孤獨命孤獨」，雖然個性開朗，與人爲善，人際關係良好，可惜命有孤辰華蓋，注定六親無緣，恐將孑然一身，孤獨終老。

一路走來，遇過不少老師，不同論命方式，神奇的是，所言大致相同，每每預言成眞。若非親身經歷，很難令人相信。

有位看水晶球通靈老師在我離婚前半年，預告我的婚姻「你們的緣分已經盡了，會在過年前後和平的分手」，自己都不相信，因爲離不離的決定權，不在我手裡，卻在半年後，對方主動提出離婚要求，而且態度堅定，想拒絕都難。整個過程就如老師所說「緣起緣滅」，順時應人，皆有定數。

我自己是教授，理當相信科學，但既有科學，就有非科學，而非科學的領域遠比科學領域還來得更廣，對世人影響來得更深，稱其爲玄學，可謂恰如其分。

科學是人類已知的玄學，玄學是人類未知的科學，諸君或可細細體會。

「諸法從緣生，諸法從緣滅」，本書寫作的起心動念，即因依著這「緣起」開展。

第一章 婚姻前傳

有次吵架，她冷不防像猛虎出閘般，十指大張撲向我的臉，從上到下上抓下來，出手之快，力道之強，攻擊之準，讓我完全措手不及。只感覺臉部一陣涼颼颼刺痛，瞬間聞到些微的血腥味。趕緊跑到浴室查看，果然鏡中反射出臉上鮮明的五爪血痕。

搭錯公車的姻緣

既使已經到了知命之年，每每遇到長年好友或偶遇新知，只要知道我還孤家寡人，就很難不被問到一個話題：最近交女朋友了嗎？怎麼沒再找個老伴？或是：我先生朋友的鄰居有一位同事五十幾還沒結婚，要不要幫你介紹之類的。我的回答也不外乎：緣分還沒到啊；有機會再看看等等。

我三十歲結婚，三十七歲離婚，婚姻不到三年，就動了離婚念頭，但前妻不答應。還記得第一次提出離婚要求時，她驚恐錯愕之餘，衝到酒櫃打開一瓶我跑船帶回來珍藏的黑牌威士忌，大口大口的直灌，看樣子想要一飲而盡，只是不勝酒力，喝不到三分之一，就瞬間倒地，一動也不動，當下還眞擔心會不會就這樣沒氣了。那天晚上我一個人費了九牛二虎之力，連拖帶拉的把她弄上床，怕出意外，之後就再不敢提離婚的事。

關於我爲什麼要離婚，已經不下百人問過我，我的標準答案是「感情生變」一語帶過，盡量不具體回應，因爲這不是三言兩語說得清楚的。

話說從頭，我二十四歲開始跑船，二十九歲認識她，是在剛結束一年遠洋商船航行合約回到臺灣休假時，借住在國中同學，也是軍中同袍剛配購的眷村裡。一天放假，約了幾位同學齊聚宿舍，聊天打混，其中一位同學還帶了個女生，不過他特別強調是昨天才在晴光市場認識的，不是女朋友。

記得那天中午大家一起包餃子，開心吃完中餐後，有人提議到附近中影文化城遊玩，約莫黃昏時刻，秋意漸涼，我穿得單薄，雙手抖索著插在口袋，走在城牆邊，那位女生想必母性爆發，突然把身上的外套脫下，示意讓我穿上，我當然沒穿，心中卻對她有了深深的印象。不過，因爲是同學的朋友，再過幾天我也要上船了，對於她的舉動，並沒有特別放在心上。

然而，命運的安排，可眞不是一般人等所能預見，就在上船的前兩天，行囊約莫準備妥當，我一身輕鬆，興沖沖的跑到西門町作了一次即將久別的臺北巡禮，溜達閒逛、吃吃章魚燒、鴨肉扁，再來碗挫冰、蓮子湯，當然還要看場電影，混到下午，才慢慢晃到衡陽路，打算搭光華巴士206線回眷村，卻誤上了同是光華巴士，也都走中山北路往天母方向的220線。

因爲搭錯一路公車，冥冥中就這樣把我和她搭上線，更怎麼也沒料到這一搭，竟搭上了一列失控的婚姻列車，雙方糾結牽扯數十年，不但深深影響了我的感情觀，更澈底改變一生命運。

當公車開到銘傳大學（那時爲銘傳商專）時，才猛然發現坐錯車子，我本應該坐206號公車在德行東路右轉到忠誠路口（其時忠誠路還沒開通，德行東路則稱「中十二路」），而220號公車（現在的中山幹線，路線也已大幅調整）並不右轉中十二路，而是直走中山北路到七段圓環終點。

還好我年輕，也喜歡走路，就決定不轉車，在中十二路口站（現在的士林電機站）下車後直接步行回住處。命運的轉折就在這一剎那，我甫下車，第一眼就看到前妻正拿鑰匙開門，原來她就租屋在站牌旁的公寓三樓，因爲有在中影文化城捨衣送暖的好印象，想說應該要謝謝人家，就喊了她，寒暄幾句後，邀請一起吃晚餐，到中十二路巷子口一間小吃店，叫了三十個水餃，兩盤小菜，一碗蛋花湯，邊吃邊聊，感覺才一下子，老闆就催說要打烊了，只好離去，我抓住機會，約她隔天再敍，她也爽快答應。

速食約會快閃婚

前妻在證券公司上班，當時證券交易時間只到中午十二點，一般大約下午三點前帳務就可處理完畢，我們就約四點在延平南路中山堂對面一家叫「上上」的小咖啡館（這家咖啡館的招牌、室內裝設到現在都沒變）喝咖啡，晚上轉到附近巷子內「隆記」館子吃菜飯（已改建），再一起搭220公車回芝山岩住處，這次沒搭錯車，一起在中十二路口站下車，在她住家樓下話別許久，因爲隔天我就要搭飛機到日本上船，自是依依不捨。

這一次出航比較特殊，是去接一艘剛下水的散裝雜貨新船，所有船員都滿懷欣喜，工作士氣高昂，唯獨我，想到至少要一年後才能再見到她，心情就盪到谷底，簡直是分秒難熬，每天鬱悶揪心，惆悵不已。

當時沒有手機，要和臺灣的親友聯絡，只有等船靠港打長途電話，要不就是巴望船務代理人員稍來信件，再趕出港前把回信寄出。我們就是這樣在空中傳情表意，鴻雁往返了一整年。

好不容易熬到合約期滿，歸心似箭飛回臺灣，雙方見面後的濃情蜜意可想而知，只是讓所有人料想不到的是，我們在一個月後結婚了，過程之快，快到我到現在都還感覺很不真實，抓不住記憶當時究竟是怎麼做的決定。

更快的是，一個月不到，船公司又通知我上船了，本想婉拒，等下梯次船員輪替再上，但人事經理告知，這是我首次升任大副的最佳時機，一旦錯過，要等多久就難說囉！

這大副的職缺誘惑太大，顧不得還沒度蜜月，就不假思索地答應船公司的安排，即刻上船，這次上船，和以前孑然一身跑船的感覺全然不同，之前是期待過著傲遊四海，瀏覽各國風光的時刻，現在卻有獨自嗆然面對滄海，天天以日月爲伴，忍受淒涼思念佳人的孤寂。

日子再怎麼苦悶，總是會熬過去的，工作期滿時，船剛好停靠在紐約港，公司安排我離船回臺，當時並沒有班機直飛臺北，要先搭美國國內線到芝加哥，中轉洛杉磯，再改搭華航回臺灣，全程包括候機時間超過三十六小時，可能是渴望回家的心情過於強烈，腦子無法放鬆，靜不下來，幾乎沒睡著過。

我出生於金門，從小家境清寒，國中畢業後，雖然考上金門高中，但爲了減輕家人負擔，選擇從軍，進了國防部幹部訓練班，在新店十二張路（現在的中正路）「炎明園」營區受訓並留班服務，期間考上中國海專夜間部航海科就讀，畢業後退伍，開始航海生涯。

當時選擇讀海專的目的很世俗，既可賺錢又能到各國四處遊玩，除了跑船，還有什麼工作能夠如此兩全其美？

結婚後雖然不想一輩子在海上奔波，期待在陸上找個穩定工作，但我除了航海，沒有任何專長，想要轉行著實不易，只好跟船公司續約，等待下一次出航。

因爲歷經過窮苦日子，所以在船上省吃儉用，幾年下來，有了第一桶金，爲了讓她有個安定的住所，就在石牌火車站（現在台北捷運石牌站）附近買了一間房子，順便邀我在榮總上班的弟弟過來住。

現在回想起來，當時確實是有心想要好好珍惜這個婚姻，認眞經營這個家的。但是，世事難料，再怎麼千算萬算，就是算不到預期的下一步。

送報生促我轉行

爲了生活，已經和公司講好接受派船，沒想到被告知需要等上一、兩個月，還好因爲剛結婚不久，想說可趁這長休假，多點時間陪伴她，也就不急。在等候上船期間，每天早上會下樓拿報紙，細細閱讀好打發時間。

早期興建的公寓，二樓以上樓梯出入口，都有兩扇紅色木製門，門板上會依樓層各有一個約十公分寬的信箱，上面設一個寫著「LETTER」的鐵片蓋子，送報生必須把報紙折成一個長條狀，才能塞進信箱內。

有一天，送報生送錯報紙，我們訂的是民生報，打開信箱發現是中國時報。沒想到送報生的無心之過，卻翻轉了我的人生，誤打誤撞闖進了一個先前從未思考過的生涯歷程。

送錯一份報紙，怎麼會影響到一個人的生命轉折？

關鍵在民生報與中國時報的屬性差別。很多人可能不知道民生報，它屬聯合報系，在民國七十年代可是大報，內容是以生活與醫藥報導爲主，有其專屬訂閱客群，故少有其他廣告；中國時報則爲綜合性報紙，適合一般大眾閱讀，廣告也較爲多元。

當我從信箱取出原本折起來的報紙展開後，最先映入眼簾的是民生報不會刊登的一則廣告，標題寫著：「法務部調查局查核班招生公告」。我心頭一顫，小時候母親幫我去算命，說我將來適合文官職位，當下暗忖莫非是天命，如果能考上公職，就不用再離鄉背景，去過那種飄泊不定的海上浮游生活了。

晚上前妻回來，跟她商量後立刻決定，當天晚上連夜準備相關證件資料，因爲只剩二天報名截止。隔天一大早，就去郵局投寄報考資料，回家拿報紙時，已經改回民生報了。

後來發現，送錯的這天，正是調查局當年查核班招生廣告最後一天刊出，尤其關鍵的是，如果錯過那年，以後就無緣報考調查局了，因爲再過三個月，我年滿三十歲，便不符合報考資格。

慶幸的是，我考上了。

在獲知錄取過程中，有一件神奇的托夢故事，不能不提。調查局考試分爲筆試與口試兩個階段，我順利通過第一階段筆試，參加完口試後，接到船公司電話，告知已安排上船時間，因爲自覺有機會考上，就要求延後接船，公司也答應了。

心想就算沒有錄取，還是可以繼續跑船，所以在等待放榜的期間，心情特別輕鬆，幾乎天天外出逛街、看電影，都不在家。

一天早晨，前妻一覺醒來，馬上跟我說：

「你錄取調查局了。」

我疑惑地問她怎麼知道，她回答：

「昨晚夢到你在郵局領掛號信，打開信封抽出一張紙，上面寫『已錄取』三個字。」

原來是作夢，原本的亢奮瞬間變成失落，她接著說：

「我很少作夢，夢到都很準。」

沒想到，當天下午看信箱，有一張通知領掛信的明信片，立刻趕赴郵局領取，是法務部調查局寄來的，迫不及待打開信封一看，果然是錄取通知單，這也太靈驗了吧！

在調查局受訓結業後，順利通過調查人員乙等特考，並依志願分發到部級機關擔任人二單位科員，開始了公務員的職涯生活。

按理說，在岸上找個穩定工作，可以兼顧家庭與事業，尤其是夫妻可以長時間共處，相互陪伴，這是我在跑船時夢寐以求的事。然而，事與願違，後續發生的事情，與原本的設想，相去甚遠。

一般夫妻的感情問題，往往與雙方相處的時間成反比，相處久了，磨擦也會變多，任何大小事，都會被擴大成引爆點，久而久之，裂痕無形加深，感情就愈來愈疏遠。我有時候在想，如果當時繼續跑船，夫妻一年相處兩、三個月，是不是可以一直維繫彼此戀愛時的濃情蜜意？不過，這個假設，已無從驗證。

百元度日的意外

夫妻生活，離不開柴、米、油、鹽、醬、醋、茶，這些生活的現實需求，無非就是錢財問題。

我在民國六十九年買了石牌站附近的公寓，當時是以現金買下，在考上調查局之後，想說當公務員有優惠貸款，條件是要首購屋，就把石牌的房子賣了，到天母東路預購了一棟十二層高的社區大樓，有中庭花園、露天游泳池，每層樓三戶有一台獨立電梯，這在當時稱得上是豪宅。

我買在九樓，二十四坪，總價一百六十二萬，公家優惠貸款八十萬，當時可是高利率時代，一般銀行貸款年利率約莫在百分十至十二間，就算優惠也要百分之八，以當時五職等公務員薪水，必須要緊衣縮食才能度日。

若是一個人生活，要怎麼節省開銷自己說的算，二個人生活，如何安排日常開支，那可是一門大學問。

那一個年代，薪水是以現金發放，出納將其裝在牛皮紙信封內，就連零錢也都一塊、五塊的放進去，常常感覺沉甸甸的，其實都是銅板。信封上則寫上薪水明細，包括本俸、加給、實物代金、加班費等等，鉅細靡遺。

前妻立下規矩，薪水袋必需如實上繳，由她每天給我一百元，作爲交通、午餐及其他零用花費用，沒有額外獎賞。

那時候，有一位查核班同學，在桃園的一個部屬單位服務，每月都會到臺北本部開會，開完會後我都會請他到館子吃飯，其實也只是簡單的客飯之類的，花費約在二、三百元之譜。

可是，當前一晚我跟前妻請求這項特別款時，沒有一次被批准，理由是：「爲什麼你要請客」，我只好在每日一百元預算中省下些零錢湊合著用，有時眞的擠不出來，只好向同事借。

我是人二人員，在機關內主管廉政風氣，可要做公務員德行的表率，容不得有任何污點，而向人借錢意味著收支不平衡，傳出去想必然會被放大解讀，質疑是否有不當生活開支。而當時又適逢蔣經國總統嚴厲推動行政革新時期，以我的身分，若被冠上這樣的帽子，可就沒得混了。

不想家務事外揚，又要維護工作形象，也需保持跟同學的情誼，可如何是好？

說來巧合，那時候單位有位約僱人員的高中同學，也在機關內其他部門工作。在那威權時代，查核工作性質神秘、特殊，少有其他員工沒事會來串門子，辦公室都比較隱密安靜。

中午用餐時，也只有她會帶著便當上樓來一起吃午餐，我則是在外面買飯回來吃。因爲她的人緣好，各單位同事都很喜歡找她聊天，我就請她幫忙，協助搜集員工忠誠資料，機關內發生什麼大小事，都會問她。

有一次我正在愁如何籌湊隔天要請同學吃飯的錢時，剛好在樓梯口遇到她，就硬著頭皮向她開口借錢，沒想到她爽快的答應，借了我二百元，令我感激莫名，深深牢記心頭。

之後，她了解我的處境，偶而就會多帶一些便當菜，讓我可以省點買飯的錢，慢慢的，她帶的菜愈來愈多，最後乾脆直接多帶一個便當給我，關係自然拉得更親近。

幸虧有她，讓我不致在同學面前出糗，同時又幫我守住秘密，直到調離那個機關，都沒人知道我日常開支狀況是如何拮据。

也因爲有這樣的關係，離婚後，我和她還將會發展出另外一段因緣，容後再述。

帶傷上班的那些日子

除了生活費的窘境，另一件困擾多年，讓我頗爲尷尬的事情，就是常常帶傷上班。

我和前妻都是較有個性，喜歡據理力爭的人，不管是家裡面的芝麻小事，國家社會的大事，或是日常一些無關痛癢的鳥事，我們都有不同的立場和想法，而且彼此都相當堅持，總會企圖說服對方，到最後，難免要辯到一個翻天覆地，日月無光。

常聽人說，家庭是不講道理的地方，夫妻相處要睜一隻眼，閉一隻眼，這些理論我也知之甚詳，但每每到了關鍵時刻，總會將之拋諸腦後，忍不住說起更大的道理來，這股氣旋很容易擾動成暴風圈，捲起千堆雪。

剛開始或許只是單純表達自己看法，並沒有惡意，也還能心平氣和，像跟朋友般聊天說事，爭到最後，難免扯開嗓子，你一言我一語地激辯起來，到頭來，鬧得不歡而散算是好事，爆走到肢體衝突，也是習以爲常。

我和她從認識到結婚，扣除在船上的時間，婚前實際相處只有二、三個月，雙方都沒有深入了解彼此個性。而且，婚前在戀愛氛圍下，常常會感性碾壓理性，很難能夠冷靜分析事理，判斷是非。

我們決定要結婚時，先去拜會她同母異父的姊姊，趁前妻在廚房忙時，大姊悄聲問我：

「你真的要和秋蘭結婚？」

我楞了一下說：

「是啊！」

「秋蘭很暴力勒，你知道嗎？」

她悄悄快告訴我一段往事，前妻在高中時期，一日家庭聚會，十來人齊聚一堂，閒談中不知何事惹惱了她，瞬間爆走，掀翻一桌子的飯菜。

我根本沒在意大姊說的事，只是隨口應了聲：「是喔！」

當時漫不經心的心態，完全忽略這項預警的嚴重性，甚至心裡嘀咕大姊是不是有什麼不良居心。直到婚後相處一陣子，這才驚覺是來真的。

前妻是筋質體型，有運動好手的體態，聽說曾經是學校田徑校隊，看起來偏瘦，但肌肉結實，腿力、手勁、爆發力都不一般。更厲害的是，她的指甲堅硬，銳利如獨門暗器五爪鋼刀。但這些都還是其次，最讓人擔心受怕的是，她有一個致命個性，就是脾氣一上來，六親不認，大姊提醒的掀桌事件，就是典型事例。

問題終於來了，有次吵架，她冷不防像猛虎出閘般，十指大張撲向我的臉，從上到下抓下來，出手之快，力道之強，攻擊之準，讓我完全措手不及。只感覺臉部一陣涼颼颼刺痛，瞬間聞到些微的血腥味，趕緊跑到浴室查看，果然鏡中反射出臉上鮮明的五爪血痕。

當下內心十分驚慌，不全然是她的暴力行徑，憂心的是明天如何去上班，當下能做的是趕緊擦些消毒藥水，晚上洗澡也不敢碰水，只希望能降低傷口發炎，盡快恢復原貌，但是，就算再怎麼處理，抓痕還是非常明顯，其後三、五天仍然清晰可見。

隔天還是要硬著頭皮上班，到了辦公室，不得不按既定行程工作、開會，接洽公務。碰到同事，趕快頭低下來，不太敢直視他們。可能是我查核人員的身分，雖然傷痕明顯，可從來沒有人問我是怎麼回事，心裡則像鴕鳥般，假設他們沒發現。

令人難以想像的是，她並不沒有因爲造成我身體的傷害有所悔意或收斂，反倒是從那次開始，幾乎每隔幾天，傷口才剛痊癒又會再度出現新痕，這樣三不五時就會帶傷去上班，我常在想，或許哪天沒看到我的臉傷，大家還不習慣呢！

菜刀腳刀，刀刀驚心

除了徒手式的五爪功，更驚悚的是帶刀攻擊，第一次領教她的刀功是在廚房。一天假日，我約了妹妹過來吃飯，可能這件事觸犯了她的天條，只是前面都隱忍不發，一個人如常地在廚房忙東忙西，準備著中午的飯菜。

知道她做菜有點慢，約莫個把小時後，好意進去詢問有沒有需要幫忙，她不理我，只好退回客廳。又過了好一陣子，想說再去關切一下，這下不得了，她正在剁雞腿，看我進去，竟抓狂的大吼一聲：「出去。」

當我要轉身走出來，她突然仰起剁刀，像是投擲標槍般向後一甩，起先以爲只是作勢，再一看苗頭不對，眼看刀就要離手，趕緊拔腿往大門衝去，說時遲那時快，開門的剎那，菜刀不偏不移扎在門板上，嚇得我簡直是魂飛魄散，現在想來還心有餘悸。還好，被丟擲大刀，僅只一次，也算是慶幸。

菜刀是刀，使用不當，可能造成重大傷害。腳刀不是刀，但使用過當，也一樣危險，而且影響更大。

不明白是嗎？

前妻除了要過一次大刀，也曾經上演過一齣不可思議，讓人瞠目結舌的腳刀秀。在一個平常的日子，又一次爲了小事爭吵，整個過程模式幾乎一樣，開始是小吵，慢慢氣氛愈來愈火爆，後來驚覺不對，眼看又要演變成暴力事件，爲了避免再被抓傷，我趕緊躲進房間（此時已分房睡），按下喇叭鎖，盤算著最多待個十幾二十分鐘，等她氣頭過了再出來。

原以爲這樣就可以讓她冷靜下來，安然度過體可完膚的夜晚，然而，誰也無法猜透她的下一步，我每天和她相處，仍然一次次超乎預料。

她看我躲進房間，當然不善罷干休，衝過來拼命轉鎖，久久打不開，然後猛敲門板，大聲吼叫，我當然不理她，沒多久，聽到急促的腳步聲跑向客廳，接著是一陣霹靂啪啦的鐵器撞擊聲，應是在矮櫃抽屜內找房間鑰匙，可能拿錯鑰匙，或是拿對了，但過於心浮急躁，坷坷喀喀，就是打不開，這樣來來回回試了好幾次，還是開不了門。

過了一會沒聲響，以爲沒事了，正想出來，又聽到腳步聲回到房門前，接下來，想像不到的事發生了。

她使出強攻的殺手鐗，竟然赤腳用腳刀踹在喇叭鎖下方約十公分的門板上，怎麼也沒想到房門竟是如此單薄，經不起她三踹兩踹，很快就踹出一個大洞，只見她一隻手從洞口伸進來，反掌往上握住鎖把，輕輕一轉就把房門給打開了。當下之驚恐，可想而知。

果然一進來，以迅雷不及掩耳之勢，伸出十個手爪，快速朝我臉上撲抓過來，當下唯一的自保方式，就是緊緊握住她兩手手腕，盡量不讓她的指甲接觸到我臉頰，她當然不輕言放棄，就這樣被壓在床鋪上攻防拉扯了數分鐘。

可能是急火攻心，她很快用盡氣力，無力再戰才縮手，我的臉頰也因此倖免於難，但魂魄已被嚇得飛出九霄雲外。而房間那扇門，一直到十幾年前賣房子時，都不曾修過，每一位來看房子的仲介或買家，總會問起房門那個洞是怎麼回事。

不理性的衝動

脾氣人人都有，但表現的層面與反應程度大大不同，有些人情緒波動強烈，會爲了一些無關痛癢的小事大發雷霆，可來得快去的也快；有的人則不輕易動怒，一旦被挑動起來就愈發不可收拾，全然不計後果。

前妻不但容易動怒，且不管是非曲直，情緒一上來就不可收拾，沒完沒了，從前面敍述的幾件事，就可看出端倪。事情當然不止這些，後頭可還有得是。

先說件不傷人，但傷及家具牆壁的小事，有天下班，她要我順路買便當回家吃，我自己買了什麼已記不得，她指定的牛肉炒麵可永遠忘不了，因爲就是炒麵惹的禍。

她回家後打開便當盒，一看是油麵，而不是想要的寬白麵條，瞬間變臉發火，一口都沒吃，毫不猶疑地把整盒便當往沙發對面電視牆上甩出去，瞬間整個牆面從左到右，從上到下，就像現在用 AI 人工智慧 GPT 畫出來的一幅完美抽象畫，不但立體，且色彩豐富。

各位想像一下，一盒滿滿的，油滋滋的餐盒灑在整面牆上，是個什麼樣的景象，就算畫面唯美，可再怎麼藝術，最終還是得善後。但是這麼大面積的油漬、食物殘渣，有的黏在牆面，有的掉到矮櫃縫隙，甚至還有懸掉在天花板上。
當下大家都在氣頭上，且一時之間有很難清理乾淨，就這樣雙方都在負氣下，各自回房睡覺。還好這是新大樓，鼠輩來不及進駐，隔天起床查看現場，狼藉依舊，但現場保留完整，慶幸未見不速之客，反正事已至此，煩惱無用，都趕上班去了。
晚上下班回家，門一打開一股臭酸味撲鼻而來，湯漬、牛肉片、高麗菜渣、斷裂的麵條，都已乾扁附著在牆壁、矮櫃、電視、地板上，眼看避免不了要善後，只好乖乖地清理起來，前後花了兩、三個小時才打理乾淨。但是牆壁上那一大片油污痕跡，說什麼也擦拭不掉。直到我們離婚她搬離住處，這一面牆的油漬依然存在，且似乎愈顯鮮明。

在著手記錄過去的片段時，有天和小妹聊天，她說了一件我記憶深刻，卻不想多談的事情，因為那件事不但傷透母親的心，也讓我在她面前顏面盡失。
我住在臺北，老媽一輩子都在金門老家，不習慣臺灣的生活環境，特別是窩居高樓，進出不便，連坐電梯、三段式門鎖等對她而言都是困擾，更不要說街上的車水馬龍，等個紅綠燈簡直是過十里路障，尤其是沒有左右鄰居可以串門子，打四色牌，日子如何挨得過去？所以雖然有意請她來臺長住，事實卻不允許。

唯一能盡孝的，就是過年過節回老家探視一下，偶而接她來住個三兩天，帶她去吃些金門少有的各色小吃，或到近郊風景區走走。

剛搬到天母不久時，我興沖沖從金門接母親來看看新家，那時候小妹在唸高中，趁假日來看她，晚上就陪媽媽睡。

午夜時分，大家都已進入夢鄉，前妻突然把我搖醒，問我：

「媽要在家裡住幾天？」

「不一定，看她想住幾天就住幾天。」我回說。

她立卽坐起來，眼睛睜得斗大說：

「你現在去問她，什麼時候回去？」

我趕快壓低聲音，跟她說：

「這麼晚了，都睡了，明天再說。」

她不放過，掀開我的被子，語氣堅定地說：

「不行，你今天一定要問清楚。」

這三更半夜地，我怎麼去問？所以就躺著不起來，也沒講話。這下她火了，二話不說，先是把棉被扔到床鋪下，接著大腳一拽，我就跌躺在地上了。一陣混亂中，睡在隔壁的母親與小妹，早已驚醒。

可能受到太大震撼，我已記不得那天晚上究竟是怎麼度過的。後來小妹回憶第一眼看到的一幕，我站在床鋪旁，左手拉高棉被，右手使勁拍打，想要把灰塵彈掉。我有強迫症，棉被掉在地上，會覺得很髒，首要之務，就是拍掉其實是不存在的塵土。

我問她當下母親的反應如何，小妹說平常媽很會嘮叨，那天可能也是受到驚嚇，倒沒說什麼，只是在床上翻來覆去好久，隔天也沒問我發生什麼事。至於她有沒有提早回金門，我已經沒有印象，小妹也搞不清楚。

❖ ——— ❖ ——— ❖

另一件也是讓我無比尷尬的事，這次對象不是自己家人，而是鄰居。一年夏末初秋時，晚上洗好澡剛出浴室，雖然天有點涼但因準備就寢，所以只著內褲，還光著膀子，前妻責問：

「爲什麼白天我打電話你沒接也不回？」

「我不是跟妳說了，當時在開會，後來忙其他的事忙就忘了。」我解釋。

「我不相信。」她氣噗噗地說。

「不信就算了。」我當然也有氣，不懂這有什麼好爭議。

這下不得了！只見她十指大張，作勢而來，我驚覺大事不妙，因爲剛洗好澡只著內褲，萬一被撲上，可能體無完膚，當下立卽跑向客廳。

她不死心追著，我只好打開大門衝了出去，這可好了，只聽到「喀嚓」一聲，她把門鎖扣上了。

那天晚上，我足足在門外待了超過兩、三個小時，不開門就是不開門。

那時正值夏末初秋，深夜逐漸變涼，我邊打哆嗦邊躲鄰居。我們社區一層樓三戶，旁邊一戶尚未搬進來，只有對面那戶，住著一對夫妻和一位讀大學的女兒，我穿內褲，萬一被撞見，可怎麼是好。只好躲在九樓和八樓中間的轉角處，想說這時候應該沒有人會走樓梯吧！

還好，的確沒有人上下樓梯，可是我總不能一直躲著，所以每幾分鐘就上來試試門開了沒，試了幾次她都不理，一直到夜半十二點多，再一次看能否進屋，這下好了，正當手放在門把上時，電梯噹一聲開了，只見對門那位女大學生從電梯出來，我們四目相望，她驚訝的眼神，一副難以置信的樣子，急忙跑去猛按她家門鈴，「喀」一聲，她家大門開了，她媽媽伸出頭來，我根本無從閃避，又一個四目對望。

那次以後，我印象中，他們全家看到我時都故意視而不見，有時不巧在電梯口遇到，相方都尷尬的只點了點頭，從沒再講過話。

❖———————❖———————❖

前面所說的各種衝突，抓傷臉部算是嚴重的傷害，但還不至於需要就醫，最多傷痕殘留個三、五天，也會自然痊癒。現在要講的這事，可是連她當下都嚇壞了，馬上陪我到榮總掛急診縫合傷口，還打了一針破傷風。

一天晚上，難得她下班回家做晚餐，在餐桌上，總要說些話，我卻說了句不應該說的話，問她：

「炒高麗菜是不是沒放鹽巴？」

「嫌我做的菜不好吃嗎？嫌就不要吃。」口氣有點不對。

「不是鹹。」我還輕鬆以對：「只是覺得有點淡。」

她氣上來了，提高音量說：

「覺得有點淡，就是嫌。」

還不知道到大禍就要臨頭，我補了一句：

「不鹹，是淡。」

認識我的人都知道，我平常喜歡開玩笑，偶而會有神來之語，穿插些冷笑話之類的，當時是想拿「嫌」、「鹹」這個諧音字來做文章，賣弄一下自以爲是的幽默，沒想到卻讓她大爲光火，只見她吼了一句：

「嫌我做的菜不好吃，就都不要吃。」

隨卽雙手往桌面上一掃，整桌的飯菜全都掃到地上。當下鏗鏗哐哐，大大小小碗盤碎滿地，飯菜湯漬四處灑。若事至此，也還算好，頂多費點功夫，花些時間擦拭清掃，損害不大，也不至於傷到人。

問題是，多數人發火是來得急去得快，前妻是來得急去得慢，若是爲了發洩出氣，打翻一些飯菜，砸破幾個碗盤也就罷了，不就是鬧頓脾氣而已。

原本是這麼想的，況且我不善長以暴制暴，想說只要不再講話，事情就這樣過去了，看著滿地碎片，心裡在意的是如何把這片殘局收拾乾淨，也就不理她。

可我這樣做反而是火上加油。通常婚姻專家都會告訴你，太太在氣頭上時，你最好閉嘴閃一邊去，等對方冷靜下來，再向她道歉，衝突就能圓滿解決。但這套理論對前妻而言，可全無用武之地。

當我看到地板滿目瘡痍時，也難得再和她多說，就想轉身要去後陽台拿掃把，可她怒火未遏，竟從地上撿起一塊最大的碎碗片，不管死活的就往我身上砸，當時穿短褲，鋒銳的碎面剛好從我左膝關節外緣直切下去，起先沒發現受傷，因爲不感覺到痛，只是有點微涼感，以爲沒事。

等定睛一看，我的膝蓋下緣被碎片削掉一片皮，大約三公分寬，傷口有點像月牙型狀，因爲受傷處剛好是膝蓋外緣，沒什麼肉，所以雖然只有薄薄一層表皮被掀開，卻已露出一塊雪白的骨頭，上面點綴著一兩滴通紅的血滴，紅白相間，十分鮮明，我第一次看到新鮮的骨頭，原來白得這麼地晶瑩剔透。

她看到這樣的情況，似乎被嚇到了，態度馬上收斂，緩和下來，輕聲問我：「會不會痛，要不要去看醫生？」這是我認識她以來她最溫柔的夜晚。

二話不說，馬上下樓坐計程車去榮總急診，縫了五針。急診醫生問我怎麼受傷的，我說被飯碗碎片割傷，只見他一臉狐疑，卻沒有再追問，急診室收治家暴受傷的案例應該不在少數，醫生心裡在想什麼誰都知道，只是心照不宣吧！

一定有人會問，這是家暴耶，醫生不用通報嗎？抱歉，那年代那有什麼家暴？給各位一個社普冷知識，我國的家庭暴力防治法制定於民國八十七年，起緣於民國八十二年鄧如雯殺夫案，當時相關法令規定闕如，使得鄧如雯遭逢丈夫暴力對待時求助無門，以致犯下此案，事件過後，引發社會討論，在婦女權利團體各方奔走遊說下，始催生了一部防治家庭暴力的法制規範。

我如果晚生十幾年，就可以申請家暴令，可是，這樣就能解決問題嗎？

第二章 暴走財富

前妻僅憑我貸款給她運用的四十萬元，外加借錢做丙種，就混到這等身價。在民國七十年代行情大好時，每天股票可以獲利十來萬元，我忍不住問她：「每天賺這麼多錢，是什麼感覺？」

「沒什麼感覺，就是一些數字在跳動而已」，她輕描淡寫地回。我無言以對。

瞞天過海借錢招術

結婚七年，她從來沒回過一次我金門的老家，雖然那時候交通沒像現在這麼方便，往返金門只能到高雄搭乘海軍的中字號登陸艦，每一趟單程都要花上三、五天甚至個把星期，直到在民國七十六年九月正式開始通航民航機航線，來回金門才便利許多。但不管交通路程如何改變，就是改變不了她不回婆家的堅持。所以我平常都是一個人回去，每次都會面臨左鄰右舍和親朋好友的拷問：

「怎麼沒看到你太太回來？」

「她工作比較忙，請不了那麼多天假。」這是我千篇一律，制式化的回應。

最傷腦筋的是年節，尤其是過年時，因爲她不回去，又一定要我陪她回娘家，我也只能對自己的母親說抱歉。這樣的婚姻互動關係，肯定也是很多夫妻面臨的問題與困擾，有些甚至爲這些小事而造成婚姻破裂。

前些日子，我回老家祭祖，有機會和大姊、大哥促膝長談，閒聊間，談到前妻和家裡一些往事，之前耳聞他們之間有點誤會，想趁這機會了解一下眞相，就問道：

「聽說秋蘭有寫信給你們，究竟怎麼回事？」

「你不知道？不會吧！」聽大姊的口氣，像是我明知故問。

「我眞的不知道她寫信的內容，說來聽聽。」

大哥說：「你剛結婚沒多久，她分別寫信給我、大姊和二姊借錢，這件事你不知道？」我眞的不知道。

金門一直到民國七十八年十月十二日才開通一般民衆和臺灣間的長途電話，我是在民國七十年結婚，所以那時候只能用書信的方式互通有無。

「喔！她寫了什麼？」雖然她寫些什麼已無關緊要，我還是很好奇。

我這一問，似乎勾引起大姊和大哥心頭積壓已久的悶氣，不吐不快，於是你一言我一語，盡情傾述當時發生的狀況。聽他們不假思索，朗朗上口，鉅細靡遺，就可知道這些事對他們而言，印象深刻到難以忘懷。

原來，新婚不久，我就上船工作，前妻卽瞞著我寫信跟家人要錢，理由是我過去跑船賺的錢都寄回去了，現在我們在臺北買房子，所以希望家裡可以資助一些，大哥回信說我寄回家的錢早已在我結婚前，被我全數要回來買了房子，怎麼現在又要買房？

前妻回說因爲我們要換房子，已經付了訂金，但無力負擔後續的定期繳款，迫切需要一筆資金。大哥信以爲眞，就標會籌了四十萬，前妻答應付給利息百分之十，以十二期分攤本息。其後雖有還款，但並沒有依先前約定時程還款，據大哥說到現在算起來至少還欠十五萬元左右。

如果事情就這樣，倒也還好，問題是前妻不只是向大哥借而已，她又分別向大姊和二姊各再借四十萬元，理由則說是因爲她自己婚前欠朋友一些錢，不敢跟我說，現在被債主逼債，只好趁我在船上時向她們求救，並希望不要讓家裡其他人知道。我問大姊，後來有還錢嗎？大姊說有還，但沒還完。之後我向二姊求證，二姊則講得比教保守，支支吾吾推說時間那麼久了，是否有借錢這件事她已經沒有記憶。

這樣說起來，前妻一共向家人借了一百二十萬元，而且都沒還清。這件事我眞的被蒙在鼓裡，問他們爲什麼沒告訴我，大哥大姊都說是前妻要他們不要跟我說。

依我對前妻的了解，大概猜得出來，她借錢當然不是買房子，也不是債務問題，比較可能是借來買股票，這是在民國七十年間，股市行情並不好，應該是投資失利，只好賴帳不還。

順便提一下，大家有沒有注意到，爲什麼前妻向大哥大姊他們借錢都是四十萬元。主要是在戰地政務期間，金門屬於前線戰地，金融業務受到嚴格管制，除了金門馬祖流通的貨幣加印地名，限當地使用，軍民前往臺灣者，需持兌換證到臺灣銀行金門分行或其指定處所兌換爲未加註限金門通用之新臺幣，其中一部分得免費匯款，匯兌金額均受限制，軍人以軍官階級區分管制金額大小，一般民眾限制更嚴，四十萬元應是上限。

還記得在民國六十九年，因爲要買石牌房子，母親說我之前寄回去的錢她都存起來，可以資助我買房子用，因金額超過管制限制，我只好專程回金門一趟，在臺灣銀行買了一張支票。當時沒有飛機，民眾往返臺灣金門之間，都是搭海軍補給船，就是通稱的「中字號」登陸艦（LST），是二戰期間美國移撥給我國海軍使用的最大型登陸艦，平時主要負責執行離島人員物資等運補任務，戰時可執行兩棲登陸作戰及海上整補等後勤支援業務。因爲當時金門臺灣之間沒有其他交通工具，民眾只能仰賴搭乘這類軍艦往返。

中字號俗稱開口笑，因爲船底平直，方便搶灘之用，通常都是利用漲潮時直接衝上沙灘，等船艦底部觸及岸上停穩後，再將船首的兩扇大艙左右張開，另架設活動跳板，讓人員物資進出船艙，等下次漲潮時始行退出沙灘掉頭離岸。一般民眾因爲是搭便船性質，必須等軍人與軍需全部運補完成後，最後才允許登船。

我回家拿支票的那一次，碰巧可能運送物資較多，軍方在卸貨完畢後，海水已經漲潮淹沒跳板，民眾只能無奈涉水登船，等我上船時，海水竟然淹到胸口，放在上衣襯衫口袋的支票也被浸透，面額七十萬元的數字已模糊難認，當下心裡十分恐慌，擔心銀行拒絕兌換。

當下突發奇想，跑去找艦上的一位中尉補給官，問他能不能開個證明支票受損的原因，自是被當場拒絕。而那時從金門搭船到臺北，前後要耗上三、五天，這期間眞是寢食難安，度日如年。熬到臺北後，趕緊奔到臺銀櫃臺，還好經行員確認後表示可以兌換，才終於放下心中那塊大石頭。

除了往返臺金的交通問題，也讓我再度想起金馬地區長時間實施金融與菸酒管制政策，謹在此順便略說一二。

金門的錢幣，隨著政局興替，不斷變動，由於戰亂頻仍，長期法令不備，並無統一幣制，其時流通的貨幣包括金圓券、銀元券、銀元大洋、銅錢等。我記得小時候小朋友最常玩得一種遊戲，就是比賽擲銅板，使用的都是清朝時期的乾隆通寶等銅錢，後來被臺灣去的古玩收購商一掃而空，當時因爲金門民智未開，大家搶著拿出來兌換現金，其實都是在賤賣，還以爲賺到，現在想來十分扼腕。

民國三十八年國軍撤守台澎金馬後，金門的錢幣另有一番波折，一開始是由京滬杭交通警備司令部負責金門防務，聽說軍人發餉是用一箱箱白花花的銀子堆放在操場唱名派發。

後來軍方成立金門防衛司令部，由胡璉將軍所屬十二軍團改編而成，爲解決島上大批湧入的軍人與原有居民的物資之需，金防部成立了「金門粵華官兵消費合作社」，負責供應防區軍民物資，調節貨品流通。而爲防止淪陷地區之鈔券流入金門混用，穩定島上金融秩序，民國三十九年三月，金防部索性自己印起鈔票，稱爲「粵華合作總社銀幣流通券（簡稱粵華券）」。有趣的是，之所以稱「粵華」原來這是胡璉將軍在大陸統領十二兵團的代號，本意在於這個兵團來自廣東（粵）黃埔軍隊之「精華」，而得此名。

其時，臺灣銀行已在民國三十八年六月發行新台幣，民國三十九年，臺灣銀行在金門成立通匯處，一方面推動新臺幣之使用，二方面承辦粵華券與舊臺幣等之匯兌。因而金門從民國三十九年三月十七日至四十一年五月一日止，前後共計十五個月，爲粵華券與新臺幣同時流通之貨幣。

雖然當時在金門推行新臺幣，但爲因應金馬前線戰地政務之特殊政經需求，特別在紙鈔和菸酒上加印「金門」、「馬祖」字樣，限定在金門、馬祖等地流通，其他貨幣一概不能使用，蔚爲前線戰地特色之一。直至民國七十八年，取消加印地名之規定，新臺幣才開始在金馬地區一體適用。

聽完大哥大姊的訴說，對於前妻利用我跑船向家人借錢，還掰出一般人都想不到的理由，我其實不感意外，因爲她的行事風格，猶如捕風繫影，永遠無法捉摸與束縛。然而，心中還是有難以釋懷之感，實在五味雜陳，至於給家人帶來困擾，也只能說抱歉。

同時更是慶幸我能及時脫離關係，否則往後還會發生什麼事情，恐怕連上帝都說不準。

命中大發有定數

我民國七十二年開始從事公職，當時的公務人員薪俸微薄，前妻是證券公司會計人員，薪水也是有限。天母東路房子貸款八十萬元，當時利率奇高，公教優惠貸款年利率要百分之八（民間貸款高達百分之十至十二間），所以經濟十分拮据。

這樣撐了一、兩年，生活還是苦哈哈。俗話說「富燒香，窮算命。」某天夜裡，前妻比平常還晚回來，我們那時已經各過各的生活，在家也很少互動，可那天她回來後，特別興奮，主動跟我說話：

「我要發了！」

「是喔！恭喜。」沒明白她的意思，隨便附和著。

「我今天去看八字，算命跟我說我會發，而且是大發喔！」

原來是有人介紹她去永和算八字，她說那位命理師窩居在弄巷公寓內，年約六十上下，看起來普通，但被算過都說是半仙，神準無比。

她拿出一張十六開（A5，現在已很少見）的紙張，上面寫了一大堆數字和預言，諸如「29，姻緣浮現」，「36，小心桃花、感情生變」等等，其實，她要我看的不是這些，而是「33 — 36 大發」這一行，但後面還有兩個字「宜守」。

憑我過去算命的經驗，厲害的命理師字字斟酌，簡短一、兩句都隱含有深層的玄機，但若沒能精準解讀與認知，其結果可能會相去甚遠。於是我對她說：

「感覺這算命的應該很準，看來妳眞的要發了。不過，妳要注意上面寫的是 33-36 歲，命理師有解釋說這是什麼意思嗎？」

她說：「他說我有好幾年好運，要我掌握機會。」

不想潑她冷水，但不能不提醒她：

「所以他的意思是有好幾年好運，而不是一輩子好運。」我接著說：

「妳最好注意，否則可能只有三十三歲到三十六歲這四年的財運，之後如果守不住，賺的恐怕就是一些過路財而已。」

「不要烏鴉嘴，見不得我好嗎？」看到她那不屑的眼神，還似乎夾雜著一股殺氣，我就沒再跟她爭辯。

❖ ❖ ❖

回溯我國的經濟發展過程，從民國六十九年開始政府解除外匯管制，臺灣的經濟已然蓄勢待發，逐步起飛。對外貿易昌旺，外匯存底迅速累積，新臺幣兌美元也一路飆升，熱錢不斷湧入島內，導致股票陸續飆漲。

前妻在證券公司上班，每天看到股價不斷攀高，難免扼腕，有天回家跟我抱怨，他們公司某某人的先生拿出多少錢讓她操作股票賺了幾百萬。我一方面汗顏，另方面也大爲心動，但手中沒有銀子，只能徒呼負負。

幾天後，人事室通知行政院推出公務員一項免擔保的小額貸款方案，額度上限四十萬元。我立卽塡寫申請書，兩週後就核定撥款。前妻靠著這筆錢，運用在證券公司地利之便，訊息管道多元，加上她膽子夠大，同時向金主借錢做丙種，就只兩、三年功夫，已經滾到好幾千萬元。在那年代，對一般市井小民而言，上千萬可是天價。不過，在股市狂飆那幾年，任何人只要有籌碼，買什麼賺什麼，敢衝的人，身價上千萬，也不算什麼。

臺灣股票從民國五十一年上市，民國七十五年行情大好才站上一千點大關，但隨後很快就飆到一萬兩千六百多點，短短四年不到指數上漲超過十一倍，聽說有單日成交量達到二千一百億元，是當時紐約交易所和東京交易所成交量的總和，市場狂熱程度可見一斑。股價也暴漲將近五倍，股民愈來愈多，從五萬暴增到六百多萬，成爲一項全民運動。

在股市狂飆之前，證券公司職員的薪水跟一般上班族一樣，前妻不是營業員，並沒有業績獎金等額外收入，月薪大概一萬多元，就算股市榮景再好，僅憑每個月薪水外加公司營利獎金，也不至於橫發到哪。

關鍵在於當時證券業還是特許的，全臺就只有十幾家證券公司，想買賣股票，非得都到這幾家公司繳過路費不可，因此，公司日進斗金，一點不爲過。而前妻任職的這家公司老闆又特別大方（老闆還有故事，容後於第四章再細說），每月發給員工的分紅獎金高達二十餘萬元，而且這樣的榮景持續好幾年。請注意，這是民國七十年代，對照現在的幣值，可能超過百萬。

一開始不知道她的經濟狀況，只察覺她上班不坐我的摩托車，以爲她怕危險改搭公車，後來才知道她都在中山北路七段芝玉站搭野雞車，就是叫客計程車，有三人搭乘就開車，直趨台北車站附近，每一位五十元。再沒多久，連野雞車也不坐了，一個人直接搭上計程車揚長而去，又快又舒服。

光是每天搭計程車上下班往返天母和延平南路之間，就讓你閉上嘴不得不服輸。看樣子，她果然發了。

暴富人生好逍遙

她身價暴漲，短短數年間，財富從零累積到數千萬元。那麼，小市民突然暴發，會怎麼過日子呢？

前面提到，她的老闆發獎金分紅不手軟，且一視同仁，連看門的一個月都可以領到二十多萬元。我有印象他們公司有一位矮矮胖胖的工友，約莫五十來歲，單身，那一陣子下班後天天跑西門町泡紅包場，好幾次遇到他，只要跟他哈拉幾句，就很興奮地主動告訴你今天捧了哪幾位歌星，看他神采飛揚，臉上充滿幸福感的模樣，心裡也只能祝福他。

另外，她們公司有一位營業員，長期和先生感情不睦，據說老公整天遊手好閒，不務正業。先前爲了協助他回歸正常生活，還出資幫開了個店，讓他當個現成老闆。但阿斗就是阿斗，就連諸葛亮都拿他沒輒，更何況一個弱女子，如何扶得起一個天下無敵的渣男。

好好一家精品店不好好經營，不到幾個月，虧一屁股債。我比較小人，直覺他是在A錢。反正有老婆養，膽子怎能不大，就樂得整天跟一些狐朋狗黨鬼混，狎妓冶遊，是個標準的軟飯咖兼敗家子。

這位營業員最後忍無可忍，在股市賺進大把鈔票後，立即向老公發出休夫通牒，條件是給一千萬元贍養費，將先生掃地出門。我當時聽了，還真羨慕這位上輩子燒好香的帥哥，幻想我能拿到五百萬元就好。

❖————❖————❖

想當時，前妻僅憑我貸款給她運用的四十萬元，外加借錢做丙種，就混到這等身價。在民國七十年代行情大好時，每天股票可以獲利十來萬元，沒聽錯，是每天喔！我忍不住，問她：

「每天賺這麼多錢，是什麼感覺？」

「也沒什麼，就是一些數字在跳動而已」，她輕描淡寫地回。

我無言以對，轉個話題，說：

「我的薪水如果有妳每天賺的零頭，多好。」

「就算多幾個零頭，我也看不上，你放心，我不需要仰賴你。」她說。

這話怎麼聽起來怪怪地，感覺很歧視耶！

後來是怎麼結束那天的談話，現在也忘了，只記得我的薪水每個月照常上繳，一毛不少，但我每天也一樣只有百元零用錢，一毛不多。

儘管我的薪水還是被控制得牢牢地，但她這樣在賺錢，我當然也很高興，雖沒有實際從她手裡拿到一毛錢，周邊的小福小利肯定是有的，譬如說上館子的次數多了，或是同事常稱讚我都穿名牌等等，其他過度的鋪張我也無福消受。有一天，她跟我說：

「這個星期天我約了兩位同事，我們四人去來來飯店（現在的喜來登）十五樓吃套餐」，我問她：

「來來？很貴吧？」

「每人三千元。」她說。

我驚訝地說：

「三千元一個人？怎麼吃？」

「是啊！這有什麼稀奇的，反正不要你出錢。」她一派輕鬆。

我想了一下，說：

「你們去吧，我不去。」

那次我眞的沒去，不爲什麼，只因爲覺得太浪費。

餐敍回來後，我問她感覺如何，她說：

「很好啊！氣派，房間雕樑畫棟，又大又舒適，少說二、三十坪。」

「然後呢？」我問。

「有兩位專屬的服務人員，很親切，感覺像皇太后。」她得意地接著說：「餐具精緻漂亮，不是金，就是銀，很像皇家專用器皿，而且每吃完一道菜，就換新的。」

「吃什麼呢？」我問。

「有三頭鮑、魚翅、龍蝦、還有……。」講了一堆我從來沒想過，更不用說吃過的山珍海味。

❖———❖———❖

她身價暴漲後，表現在生活上，就是任性，任性花錢，任性吃喝。除了前面所講的，買衣服也是一絕。從此不買成衣，就算是百貨公司高級名牌，也不屑。問她爲什麼不愛名牌，她有一句名言：

「街上到處都是名牌，穿了跟她們有什麼兩樣。」

聽懂了嗎？她不希罕跟別人一樣的東西，那要怎麼表現自己的獨特呢？很簡單，就是訂做。

在民國五十年代，綢緞行是衡陽路和博愛路間的特色商區，那年代，成衣並不風行，到博愛路買綢緞是時尚仕女的最愛。就算是一般小老百姓，身上穿的也都是訂製的居多，我在民國五十七年來到臺北，儘管是軍人，隊上長官第一次帶我們去西門町就是訂做衣服。

到了七十年代，雖然成衣市場已普遍流行，許多貴婦還是崇尚訂製高級綢緞衣裳。前妻受到這股風潮影響，或是更貼切的說，就是要展現貴婦形象，所以在股票獲利下，每個月都會去訂做一、兩套衣服。

我們去西門町訂製一條褲子，一件襯衫，充其量五、六百元，前妻到博愛路訂製一整套裝，少則七、八千，多則一、兩萬元。

這麼高價的衣服，是不是搭得上前妻的身型氣質，也不好說，姑且不論。坦白講，我看她在家試穿，感覺綢緞的布料還眞好看，因爲是訂做的，配合她的身材，確實增添不少貴氣。

不過，穿這樣的衣服去上班，恐怕不合時宜，而她只是在股市賺了錢，平常並沒有太多的交際活動，更不用說活躍在上流社交生活，她訂做的高尚衣服，幾乎完全派不上用場。所以除了在家試穿外，從來沒看她穿過。可是她還是樂此不疲，每個月訂做新衣裳，成爲例行月事。

霸氣上路任我行

有錢了，就能任意花錢吃喝玩樂，這看在一般人眼裡，必然是既羨慕又妒忌。不過不是每件事用錢都能解決。還記得她有一陣子天天坐計程車上下班嗎？一定有人要問，爲什麼不買部車子，那年代，有車不只是行得方便，更重要的是突顯身分。

問題是，她沒有駕照。沒駕照？去考不就得了，信嗎！她前後考了十幾次，考不上就是考不上，直到股市都降溫了，我們也快離婚了，有天回來很驕傲的秀出熱騰騰的駕照，真的是她的名字，上面的照片也是她耶！我還是不信，會不會買來的？

我這樣懷疑不是沒有道理。其實她早在駕訓班學開車時，就已經訂好一部本田汽車，頭期款都付了，等到駕照一拿到，不到一個星期就交車。有了車，問題接踵而來，原來她考不上，並不是主考官刁難，而是天生有膽無藝，有駕照跟能不能上路，敢不敢上路，是完全不同的檔次。

對她來說，開車簡單，考駕照才難。不顧我再三勸告，車到手就迫不及待開去上班，果然，出門不到十分鐘，就在中山北路忠誠路口發生車禍，聽說搞得那天附近交通大亂；再沒幾天，被撞到左前門都打不開，自己被夾困在車內個把小時；又有一次，到了晚上九點多還沒回來，我以爲和同事聚餐去了，沒想到是把車子開進排水溝，右側兩輪全陷溝內。

知道是怎麼脫困的嗎？叫修車廠，或是道路救援？都不是，那時沒有手機，她也壓根不知道去哪聯絡車廠，信用卡道路救援也不普遍。但她就是有辦法，也眞夠膽識，看到有幾位年輕人經過駐足許久，竊竊私語，她二話不說，開口要他們幫忙抬車，或許也想順便教訓教訓他們，管閒事沒好下場！

若不是前妻那時還有點風韻，我想這些人也不會上勾。要不，就是他們喝茫了腦子斷片，神智不清，竟然媲美魯智深倒拔垂楊柳，就這樣把車子給拔上了馬路，後來發現前輪歪了開不動，還幫忙打公用電話叫拖吊車。我沒有加油添醋，事情就是這麼回事。

❖ ❖ ❖

還有一點，就算安全開到公司，會停車嗎？不知道不會還是不敢，反正，我只知道每次都是找她們同事代駕停到中山堂地下停車場，下班再幫她開上來。應該有給錢吧，我只是好奇，她們證券公司有同事缺錢嗎？

最霸氣的是，在士林忠誠路口，早期就有設置一個自動測速器，有天我收到一張超速罰單，晚上拿給她，她一副不在乎模樣，霸氣地說：

「知道了，明天去繳。」知妻莫若夫，心想肯定還會有下一張，就好心提醒她，以後開到前一個路口要先減速慢行。

「放心啦！又不用你付錢。」

果然，後來在同一個地方又陸續被開了好幾張。

除了超速違規，有一次收到一張逆向行駛的罰單，她以為也只是罰錢了事，我跟她講這是嚴重違規，要去監理所接受三個小時的講習，她要我代她去上課，我就沒答應，我是公務員，不宜幫她作假，爲了這事她還不高興了好幾天。後來也沒看到她去上課，一問之下，才知道已經找人代上去了。像這些只要是錢能解決的事情，她就是夠霸氣，從沒在怕。

前後開車不到兩個月，總共至少發生三次大小車禍，被開超過五張罰單，修車費和罰鍰不下二十萬元，至於花多少錢請人停車、代講習，則不可考。後來大概自己都覺得花錢又傷神，主動說要讓我開。我沒那麼笨，當下毫不猶疑秒拒絕。一旦坐上駕駛座，肯定燙屁股，不但司機兼保鏢，還會像陀螺般，沒日沒夜，任人使喚。而且，恐怕她更不會想離婚，而我可能撐不過不惑之年。不得已，只好把車賣了，拿回不到原來的四分之一價。

我寧願繼續騎我的鈴木五十，雖然輕飄飄地在馬路上不時跳動到屁股比坐駕駛座還燙，我還是認爲値得，騎得自在又開心。

雖然我們感情不睦，我還是希望她過得好，生活能夠安定，炒她最愛的股票無往不利。但讓我擔心的是，她膽子很大，做任何事，不假思索，都是一路衝撞，完全不考慮後果。在她的字典裡，沒有「三思而行」這句成語，至於所謂「深思熟慮」、「謀定而動」等辭，打從娘胎就沒進她的腦袋過。

這種性格反應在做股票這件事。其實她以前也買股票，但每買必賠。我們認識時，她是個標準的月光族。爲什麼在證券公司上班，買賣股票卻沒賺過？因爲她只有一個信念，股票一定會漲，所以只做多頭，從不放空。

什麼基本面的產業消息、公司財報；技術面的K線分析、量價關係；籌碼面的主力買賣、融資交易；及消息面的公司重訊、國際財經等資訊，對她來說，根本都是個屁，垃圾一堆。她買股票的依據，不外乎公司內部員工大家傳來傳去的小道消息，或是跟著那些股票大戶進出，到頭來，不賠也難。

至於爲什麼那幾年能夠翻身大賺？說穿了，在台灣被喻爲ROC（Republic of Casino「賭場共和國」）的年代，全國十五歲以上人口有三分之一開戶買股，在這種瘋狂的市場經濟中，連和尚、尼姑都出來買股票，若有哪一支股票不漲，才是臺灣奇蹟。

加權指數不斷創新高，從民國七十五年的千點大關，七十七年攀升到二千三百點多點，到了同年九月飆漲到八千八百多點，並在七十九年年二月十二日達到的歷史高點，萬二千六百八十二點。

買股票一定賺，幾乎就像牛頓的重力加速度之運動定律。不怕你不買，就怕你沒錢。那段期間，餐廳、八大行業一家一家開。中午用餐時，不只爆滿，每桌聊天的話題都是股票；白天在證券公司人擠人買股票，晚上人群就移到林森北路條通暗巷內。其他只要是可以花錢的地方，莫不人潮湧現。

我現在每週會空出兩個時段，幫忙接送幾位盲胞下班回家，有一次在車上聽其中一位聊到他年輕時在街頭走唱，時不時會有善心人士一次打賞就是數千甚至上萬元，經助理告知並請他謝謝對方時（盲胞在街頭表演通常都會請一位助理協助帶路和打點一些瑣事），常會聽到他們豪氣地說「這點小錢，沒關係」、「我上午股票賺很多」、「明天還來嗎？我會再給」之類的話。

這就是台灣錢淹腳目的年代，但也是臺灣社會亂象層出不窮的年代。

與此同時，資金雄厚的可以將大把大把的錢拿去炒股，沒有太多本錢的人，看那些有錢人在股市億來億去，也不甘寂寞，就掏出僅存的零頭小錢，去簽個幾支，賺點明天的買菜錢，那就是盛極一時的「大家樂」賭博。

大家樂一開始只流行在南部鄉間小部分地區，由組頭做莊，以當時由政府做東公開發行的愛國獎券七個頭獎號碼作爲簽注中將號碼。後來在股市大漲的刺激帶動下，經過數年發展，迅速蔓延臺灣，不論家庭婦女、知識分子，市井小民或是商賈名人，莫不紛紛投入，估計社會高達三百萬人次迷上這項簽賭行爲。

於是，求明牌變成全民運動。拜天上的神明，求地下的先民，車禍的車牌號碼，飛機失事的時間日期，高官的生辰八字，甚至反共義士的個人背景數字等都是可能的明牌，形成一個極度扭曲的社會現象。

眼看大家樂發展到幾乎動搖社會根基的程度，迫使政府不得不採取因應措施，臺灣省政府主席邱創煥於民國七十六年十二月八日宣布，自民國七十七年元月起暫停發行愛國獎券，希望以釜底抽薪之計，遏止大家樂的賭博歪風。

大家樂腐蝕社會善良風序良俗，政府要禁理所當然，因爲它是非法賭博行爲；炒股造成經濟秩序紊亂，但買賣股票是合法行爲，政府可以禁止嗎？

政府不能禁止你買賣股票，但政府抽你從股票賺來的稅，可也是冠冕堂皇，師出有名。

課徵證所稅哀鴻遍野

凡是買賣公司發行的股票、公司債及經政府核准得公開募銷之其他有價證券，都要課徵證券交易所得稅（證所稅）。除非有特殊因素，「有所得即有課稅」是財政公平的課稅基本法則。我國第一次開徵證所稅，是在民國六十三年，旋即遭逢能源危機，隔年財政部就宣布停徵證所稅。

相隔十三年後，全民瘋狂炒股，導致社會經濟失衡，逼得政府繼停止發行愛國獎券遏止大家樂之後，再次祭出重大措施，出手干預股市。民國七十七年九月二十四日，時任財政部長郭婉容宣布自七十八年元月起，恢復課徵證所稅。

果然，對過熱的股市很快產生立竿見影的效果。隔週週一，股市全面跌停，幾天後，證交所將跌幅減半，還是沒能穩住股市正常交易，郭婉容部長在抗議聲中，辭職下台。復徵證所稅的代價，導致無量下跌十九天，加權指數從八千八百一十三點跌至四千六百四十五點。

其後雖然稍有起色，股市尚能維持小額交易。但證所稅帶來的恐慌讓臺股在民國七十七年第四季最低點一度來到了二千三百零六點，爲了挽救股市，改弦易轍將證券交易稅（證交稅）從千分之三減半爲千分之一點五，但效果不彰。

爲了化解危機，臺灣證券交易所釋出多頭訊息，邀請多位知名股票作手共同救股市，指數總算有了起色，但是大盤還是繼續下殺。財政部又使出殺手鐧，將實施僅一年的證所稅再度停止課徵，並將證交稅率調高至千分之六。卻又造成民衆持續瘋狂買股，即使在七十九年一月爆發臺灣史上最大詐騙集團鴻源違法吸金事件，臺股還是繼續狂飆衝到了一萬二千六百八十二點。

當市場普遍繼續看好，人們滿懷信心等著破萬五甚至上看兩萬點的春秋大夢，已經有些老手逐漸意識到股市過熱到完全不合理的危機，終於從一萬二千六百八十二點開始大崩盤，最低跌到二千四百八十五點。當然，這不是股市大起大落的最終回，不過，往後的大賺大賠，已經遠離前妻視野，暫且不表。

總結一下，多數人沉溺在利益掛帥的金錢遊戲，很少能夠洞燭機先，事先察覺防範，見好就收。然而，「事有必至，理有固然」，古人早有明訓，只是特別是在股價不知什麼叫跌的那些日子，居高思危的人能有幾人？

前妻就犯了這個簡單而低級的錯誤，其後果可想而知。媒體不時會有股價大跌導致傾家蕩產而跳樓喝農藥的新聞。還好她神經大條，是個誓死捍衛多頭的單邊主義者，因爲極端樂觀到無可救藥，總存有後市可期的強烈信念，反倒救了她，沒有讓她走上絕路。

記得財政部在祭出恢復課徵證券交易所得稅後，股市隨即大崩盤連續下跌，我一開始就提醒她，務必每天以跌停板價掛出，千萬不要惜售，可她似乎老神在在，完全不把我的話當話聽。

股票是她的，我卻庸人自擾擔心到天天睡不著，每當輾轉難眠時，轉頭看到她竟然睡得死死的還打鼾。

我勸她跌停賣出，她回說：

「有什麼好擔心的，股價本來就是起起落落。」

「現在賣或許還能止血，保本才是最重要的。」可能是我膽子小，一再勸她要保住老本。她卻淡定地說：

「放心啦！你不懂，我看好再跌也沒幾天。」

我盡力了！其後的發展，自是不出所料。我雖然憂心，但沒決定權，只能杞人憂天，無力可回天。不過，憑心而論，我自己並非身陷其中的當事人，說起話來很容易頭頭是道，客觀理性，可是如果角色異位，讓我作爲一個決策操盤者，恐怕也是瞻前顧後，猶疑不決。

前妻是持有股票的當事人，一切進出操作還是要由她自己決定，這就產生「孤獨決策」的現實考驗。說眞的，在那個時候，應該沒有人能準確判斷股票市場的走勢發展會是如何，更不用說是前妻她。

更何況，她從來就不是一個投資高手，充其量只是個敢衝敢撞，常常道聽塗說的炒股人，只是她在證券公司上班，近水樓台，操作方便，最重要的是剛好遇上這一波行情，讓她無往不利，狠賺一把。致命的是，她是個死忠的多頭主義，永遠捍衛「股票一定會漲回來」的信念，就算外面風聲鶴唳，她還是不改其志，完全忽略了借錢做丙種的斷頭風險。很不幸的，眞的被斷頭了。到頭來，終究落了個血本無歸。

掐指算一算時間，她在股市呼風喚雨，大發利市的期間，剛好是算八字的斷言她「33—36大發」的年齡。不得不說，永和那位算命師眞乃神人耶！

及時買房保住一線生機

在股市瘋漲到嚴重影響國家財政金融秩序時，儘管官方無預警祭出恢復課徵證券交易所得稅，但股市背離市場與投資法則，實爲各界所擔憂，有先見之明的市場老手，早已偸偸分散風險，轉進其他金融商品投資標的。

我不懂投資，但天生有點分析判斷能力，對很多事理常自詡有獨到見解。譬如說，我在民國七十八年首度到大學兼任講師時，正是前述股市狂飆，臺灣錢淹腳目的年代。其時兩岸剛開放探親，許多人親眼目睹大陸一片貧窮落後景象，在言談間總會表現出一副夜郎自大心態，我當時卻扮演烏鴉，示警預言，如果以經濟發展作爲一個國家的文明進步指標，再過二、三十年後，臺灣將遠遠落後於大陸。現在看來，似乎不幸言中。

在民國七十六年，正是全民股市最狂熱之時，我就告訴前妻，股票不可能一直都在漲，總有回落的一天。最好不要將所有的雞蛋都放在同一個籃子，勸她是時候可以拿一些錢去買黃金和房子。

假設以三千萬作一理性的資產配置。用一千萬去買房子，那時天母東路的房價一坪約在六、七萬之間，差不多可以買到三間五十坪的新房；再用三分之一去買黃金，當時金價每盎斯約爲一百三十美元，與新臺幣的匯率是一比三十二，一千萬元可以買到將近七十七公斤的黃金；剩餘的一千萬元繼續在股市買賣，就算股價崩盤也還可保有相當不錯的資產。

這世上不存在絕對理性的事物，完全理性投資策略也僅止於學理論證，人在思考問題時會大量帶入自己的情緒，還有更多思慮不周的盲點，再者就是受限於資訊取得與解析能力，以及未能掌握適當時機等因素，都足以造成決定性影響。在面對要做決定時，大部分人往往就卡在無法理性思維的關鍵問題點上。

還好在我跟前妻分析資產配置的與分散投資的重要性與操作方向後，很難得她願意接受我的建議，同意去看房子。於是，我們花了很多時間到處參觀預售屋，後來看中座落在新生北路和長安東路口遠東建設（現在遠雄建設前身）興建的一棟電梯大樓。

我依稀記得是在九月初第一次到銷售中心，接待我們的是一位中年大叔，態度十分誠懇親切。她中意九樓一間二十四坪，兩房一廳，格局方正，兩面採光的明亮小屋。詢問價格，大叔開價說：「一坪八萬」，她雖然喜歡，但因爲沒有急迫性，也怕買貴了，想再看幾個建案，比較一下價格，當下沒做決定。

之後幾天有空就四處看屋，還是覺得遠東建設這間不錯，於是隔了兩週，我們再去長安東路，還是那位大叔，在對談過程，他詢問了一下我們的工作背景等概況，思考了半晌，明確的說：

「一坪十萬。」

「蛤！不是八萬嗎？」

「那是半個月前的價格。」語氣平靜堅定，但我怎麼覺得他的態度好冷，是在坑人嗎？

「怎麼突然漲這麼多，我們再看看好了。」

「沒關係，不過老闆說可能還要調漲喔！」

接著我們又去看了一些建案，價格普遍落在七、八萬元之間，但就是沒有她屬意的環境，特別是房型格局與位置。

那期間，也不知什麼原因，一直惦掛著她買房子的事，心裡總覺得房價必定會跟著股價漲，就不斷敦促她盡早決定，否則會錯失買房的好時機。

果然，到了十月初，三度造訪大叔，還是只有他一個人在，看到我們，臉上似乎露出一絲詭異的笑容，又是一陣套問，前妻可能深怕人家以爲她沒錢，霹靂啪啦一下子把自己的底全洩出來，興沖沖地告訴他買股票的事，以及如何投資賺錢等，同時毫不掩飾對這房子的興趣，我心想這下完了，就插嘴說：

「我們資金不多，只能負擔八、九萬一坪的房子。」

大叔說：「喔！對了，忘了告訴你們，昨天有一位汪太太來看屋，也很喜歡你們看的那間，她先生好像在一家上市公司當採購處處長，而且當下就先付了訂，不過還沒簽約，如果你們喜歡，還是有優先權。」

我趕緊問：「可不可以降價一點。」

大叔說：「恐怕沒辦法，那位汪太太願意一坪十三萬買。」

「什麼！怎麼又漲價了，而且一口氣漲這麼多？」我大聲驚叫，轉身跟前妻說：「那沒辦法了，我們再去看別的房子。」既然人家訂金都付了，就沒什麼好談，示意她離開。

「等一下！我剛說了，因爲你們先來看屋，所以保留優先權給你們。」

「可是一坪十三萬，太貴了，我們買不起。」

這時候，大叔瞬間堆出一臉笑容，說。

「你們先坐一下，看你們那麼有誠意，讓我打個電話問問趙老闆，看能不能特別優惠你們。」只見他拿起話筒，在電話盤上撥了幾個鍵：

「喂！趙老闆，我是楊○○啦，有一位在證券公司上班的客戶對九樓A棟那間非常喜歡，而且很有誠意，想請示老闆，能不能特別給她們優惠？」只見他停頓了一下，接著恭敬地說：

「好！好！是！是！我知道了，謝謝老闆。」大叔掛下電話，隨即轉身，又是滿臉笑容說：

「我們老闆說願意以一坪十二萬賣給你們。」

我知道他口中的趙老闆是誰，因爲第一次來看屋時，他就把他們老闆如何白手起家，如何從模版工人成爲大老闆的經歷詳盡介紹。多年後我換屋時，也換過幾棟他們公司蓋的房子，現在住的就是。

「十二萬？不能再降一點嗎？」我問。

「老闆說下週還要調漲售價，今天特別優惠你們，下次再來恐怕會漲到十五萬以上。」一副沒得商量的樣子，搞得我們一下子不知如何是好。

「十二萬，就十二萬好嗎？」我跟前妻說，覺得現在市場球在賣方，再猶疑下去不見得對我們有利。而且，算一算總價也不過五百二十萬上下，對她來說，錢不是問題，捨不得賣股票才是問題。

就這樣，以十二萬元一坪買下那間房子，後來變成她唯一得以安家立身之所。

不知道有沒有人對這位賣房子的大叔起疑，一個月內房價眞的能從八萬喊價到十二萬？是不是像極了股票的炒作手法。

正是，一開始我沒想太多，直到第三次，也就是最後我們用十二萬元成交前，我直覺那通電話大有玄機。

早期電話是轉盤式，需要用手指轉動鍵盤撥號。而臺北區域的電話爲七碼，我看到大叔在撥號時，只是手指往順時鐘方向隨意撥一下，似乎沒有旋轉到底，而且好像也沒撥到七個數字，而他講電話時眼神閃爍，表情不太自然，更奇怪的是，怎麼完全沒聽到電話筒理有任何丁點聲音，感覺像是他在自說自話，還有，一位銷售員，可以一通電話就可以直達天聽？公司沒主管階層？大老闆沒有秘書嗎？

當下我有注意到這些不合理的細節，但因爲腦子專注於價格及能不能買成的問題，就忽略了這些關鍵因素。至到交屋後，認識幾位同時期買房的鄰居，閒談間才知道我們買貴了，再回想那些過程，細細斟酌，終於恍然大悟。可能是我們太高調了，讓他發現前妻是肥羊，而且容易得手。

這就是偉大的人類，高度文明的我們，一切利益掛帥，而且文明人的坑人手法，絕對比古代傳統社會更有過之而無必及。所謂世風日下，人心不古。你以爲的正派經營、合法交易，都是童叟無欺、貨眞價實？若不是天眞過頭，就是不知世事，每個人都想玩金錢遊戲，就看你玩不玩得過。

值得慶幸的，雖然房子買貴，但至少保住前妻的部分資產，而且其後房價一路飆升，意外大賺一筆，總地來說，買這棟房子的投資報酬率超高，甚至比炒股更划算。

第三章　婚姻外傳

結婚後，有一天我打電話到前妻公司找她，接電話的是她同事：

「馮秋蘭不在，請問你是哪一位？」

「我姓陳。」

「哦！你是陳世霖喔？」我說：「不是耶。」就掛斷電話。

晚上回家，我問前妻：「陳世霖是誰？」她說是她前男友。原來他們還有聯繫。

船員的風花雪月

結婚之後不到一個月，就被船務公司電召上船。

船員到各個港口，最無法隱藏的秘密，就是出入風花雪月場所，這也是船員家人最爲憂心但難以約束的事情，只能順應「天要下雨，娘要改嫁，由她去吧」的心態，唯一能夠約制的就是船員自己。

我在跑船時，船上流傳一句話：「有政府就有貪官，有港口就有新歡」，幾乎毫無例外，船員一到港口，只要時間允許，必然會去尋花問柳。有趣的是，每個港口的情況不同，我們都有辦法「入境隨俗」，很快融入當地文化。

❖

有一陣子跑香港公司的散裝船，經常往來印尼沙巴州載運木材，一艘船載上萬公噸的木材，通常要花上整週的時間裝貨，船員有充裕的時間輪流上岸觀光，舒展一下身心。

這個港口沒有接待船員的紅燈區，小姐都租住在賓館，類似俗稱的「一樓一鳳」，因爲是獨門獨戶，只要交情夠，你可以在她閨房待上一整天，就像在家一樣自在悠閒。

有天我輪休，照例去熟悉的老地方，找一位混得很熟的小姐，當天陪她吃完中飯，就留在賓館睡午覺。神遊後一覺醒來，不經意往窗外一望，正巧看到相距不到五公尺對街巷弄同樓層一戶鄰家，有位皮膚白晰，身材曼妙的熟齡女子，自信地裸露著上帝賜予其渾然天成，絕美藝術的身材，沒有任何一絲人工和歲月的多餘物件，非常悠哉的拿著吸塵器，走台步似的遊走於客廳每一個角落。

感覺她似有意無意，不斷變換方向和遠近，有時還會和我四目相望，偶而露出甜美的微笑酒窩，讓我心猿意馬，心跳急促到幾乎跳出來，當下慾火直衝腦門，驅使我想立刻跳過去按門鈴。

可心念一轉，立馬甦醒過來，想到這這異國他鄉，人生地不熟，萬一遇上仙人跳，騙財還算小事，嚴重的搞不好若上官非，可就麻煩了。趕緊忍著難耐燥火，急忙著衣，回到船上。可惜那一次之後，我合約期滿，在日本下船回臺，接下來的另外一條船，雖然同一個公司，卻再也沒機會航行到那個港口，那位少婦的唯美吸塵秀，也成絕響。

❖ ❖ ❖

再有一次，船隻從德國漢堡港裝載數百輛汽車要到美國紐約，剛出港不到一天，就發現輪機運轉有異常現象，趕緊聯絡船舶所屬公司，經安排緊急到葡萄牙里斯本修船，一修就是半個多月，這可是船員天上掉下來的最大額外禮物，得以好好在葡萄牙第一大港休閒觀光一番，但多數船員大部分時間都待在酒吧間，因爲里斯本的酒吧可是不折不扣的溫柔鄉。

我們這條船是第一次到里斯本，但船員就是有辦法，很快知道哪裡好玩。

輪到我休假時，和大副、水首長等四人，迫不及待跳上計程車。每個港口的計程車司機都是最佳的導遊，他們介紹的地方絕對錯不了，至於有沒有拿小姐的「肯妹遜(commission)」就不得而知了。

司機把我帶到一家門面看起來超炫的酒吧。果然不錯，裡面偌大的空間，布置得像是夜總會，燈光柔和，霓紅閃爍，照耀在幾十位打扮亮麗，面帶微笑，或坐或站的年輕小姐身上，氣氛更顯羅曼蒂克。服務生引領我們找個舒適的沙發吧坐下。在國外，可沒有金門高粱，我們就點了四杯威士忌和四杯冰水，這是船員到酒吧消費的基本品項，我體寒不喜歡生冷的東西，但在國外餐廳很少有熱開水，只好將就。

接下來就是重頭戲，服務生問我們有沒有認識的朋友，我們說是第一次來，他很快走到吧台附近，跟一群妞們滴咕幾句，隨即有四位小姐聯袂過來坐下，大家開心地閒聊兼打情罵俏，就這樣被她們絕佳的酒促攻勢下，我們一個晚上喝掉八十幾杯威士忌。

夜深了，小姐就各自帶我們到她們的香閨休息，折騰了一整夜，隔天一大早還趕回船上值班，晚上又急忙忙跑回酒吧，這次熟門熟路，大方地跟服務生說要找某某小姐。那幾天，就像陀螺一樣，船上酒吧來回兩頭跑，幾乎沒什麼睡覺，幸好那時年輕，身體還能承受得住。

不過，這些流連於酒色之間的風流韻事，到我結婚後就完全不再碰觸。以前單身每到一個港口，心思都會落在花街酒肆間，自從結婚後，儘管各個港口誘惑依在，船員文化依舊，但只要想到家裡新婚的妻子，就心如禪定，很自然地斷絕這方面的慾望。這讓我想起閩南諺語：「樹頭徛予在，毋驚樹尾做風颱」，只有不想去除的心魔，沒有不能解決的難題。

❖————❖————❖

眞正的考驗來了。有一航次，我們滿載貨物到南太平洋卸貨，沿途停靠斐濟、大溪地、雪梨，最後到紐西蘭奧克蘭港，想不到這個國家碼頭的設備還不是普通的落後，工人的作業效率更不敢領教，不到兩千頓貨，卸了十一天，船公司老闆想必心在淌血，我們船員可樂翻天，又可以大玩特玩幾天。紐西蘭港口有個奇特的文化，一般船舶靠港，船員大都要上岸到特定場所去喝酒尋樂，奧克蘭是少數小姐可以直接上船陪船員的港口，但卻是唯一一個小姐不跟你談交易的地方。

我們雖然第一次來到此地，但船員打聽消息確有一手，靠港後，船公司的代理行和海關、檢疫人員都會在第一時間上船執行例行業務，總有人會去詢問他們，了解當地的相關規定與習俗，所以小姐直接上船接客的文化，很快傳遍船上每一個人。

果然，在船停泊妥當辦完通關程序後，約莫有十幾位小姐陸續來到船上，馬上有人搶先迎接她們到交誼廳，招待她們坐下，那時還不流行喝咖啡，可船上啤酒有得是，很快交誼廳就變身爲酒吧間，大家跟這些美眉毫無拘束的喝將起來。這種場景，其他國家的港口是絕對看不到的，因爲時間就是金錢。

其實美國有些港口，也會有小姐上船，不同的是，她們目的在交易，上船一遇到人，就問有沒有興趣，接著就是跟你談價錢，你若是想吃乾豆腐，跟她窮蘑菇，可要小心對方生氣給你排頭吃。她們要的是快，快完成交易，快賺到錢，然後快快閃人，好快點趕上另外一條船。

在奧克蘭可截然不同，小姐上來一不趕時間，二不提金錢，更逕爆的是，這裡不是船員物色小姐，而是小姐挑選船員，沒聽過吧！

說是她們主動挑選，似乎有點言過其實，畢竟一個巴掌打不響，只要船員動作快點，臉皮厚點，態度積極點，都有機會搭上線。

特別提一下，船上階級意識強烈，尤其是英國傳統的航海文化，帶有濃厚的主從尊卑觀念。就如活動區域的配置，乙級船艙都在低樓層靠近機艙位置，噪音大，空氣差還夾雜些許機油味，甲級船員則都配置在較高樓層，空間大，空氣清新，視野廣闊，可以遠眺無邊無際的海上風光。

除了居住空間環境的差別，更明顯的是生活空間的規制，甲級船員的餐廳（交誼廳），大都規劃在船艙的右邊，乙級船員則在左邊，其差別除了大小、設備不一樣外，乙級船員除了管事、服務生、廚師等服務人員，其他船員原則禁止進入甲級船員生活空間，遇有節慶等特別活動，始例外允許進入。

不過，當美眉上船時，船上就像是在歡度節慶，暫時打破身分隔閡，一視同仁，各顯神通，吸引佳人投懷送抱。一旦湊成雙，通常都會混在一起直到離港，有空時，小姐還會帶我們上岸逛街、吃飯、游泳等休閒活動，像極了熱戀中的情侶。

那時我擔任大副，負責水手工作指派與生活紀律管理，船上一時之間來了這麼多貌美年輕的嬌客，深怕樂極生悲，招惹事端，特別告誡船員，可以盡情玩樂，但不要出差錯引起糾紛。

自己則專心緊盯船上卸貨進度。有小姐向我示意，也都只跟她們打哈哈敷衍幾句，不主動邀約，也不給機會。但是，還是有意料之外的事發生。

我平常很少鎖門，大約三、四天之後，有一天晚上，準備回房休息，一打開門，竟然看到床上好像躺著一個人，特別是那兩座高聳的雄偉山丘，十分搶眼，定睛一看，發現是下午在走廊遇到的那位金髮小姐，曾經簡短的閒聊兩句，沒想到竟主動跑到我房間來，可能是喝多了，已經在呼呼大睡，並沒有發現我開門。

這天下掉下來的粉紅超級大禮，要是以前，我肯定不會放過，可現在心境不同，爲了信守對婚姻的忠誠，我想了一下，輕輕的把門帶上，向二管輪房間走去，因爲下午聽到他一直抱怨小姐都被物色走了。

輕輕敲門，二管輪睡眼惺忪地來開門，我笑著說：

「今晚我們換房間睡。」他一臉疑惑，我故意裝神秘，只說：

「你去就知道了，保證你不想回來。」他也笑了一笑，沒多問。連這點默契都沒有，豈不白跑那麼久的船。於是，他換了件乾淨的衣服，興沖沖的朝我房間走去。

我有潔癖，精確地說，其實是強迫症，很不習慣在陌生房間睡覺，尤其是在機艙工作的船員房間，整天摸的碰的都是機器，工作服沾滿油污。那天晚上，我睡在二管輪沙發上，要是平常，可連坐都不敢，但還是強忍著，勉強躺下去，整晚翻來覆去無法入眠，就這樣熬了一晚。

隔天一大早精神渙散的起床，匆匆趕去值班，離開時二管輪還沒回來，中午吃飯才在餐廳看到他，因爲在場還有其他人，當下我們沒有多講話，只是互相心照不宣地會心一笑。不過，看他一副精神不濟的模樣，想必跟我一樣沒睡好，原因卻大不相同。

天下沒有不散的宴席，在奧克蘭港的天堂日子，終究要下凡回到人間，當船完成離港手續後，這些嬌娃個個眉開眼笑，感覺都依依不捨和恩客們道別。什麼？你說「恩客」？她們不是不談交易，不講價錢嗎？

沒錯，這些小姐不跟你開口交易，但不表示不要錢，好歹她們也是要生活吃飯的啊！否則跟你耗上十幾天，是閒來沒事嗎，還是看你面子大？

說穿了，就是一個巧門。原來紐西蘭政府規定，領取救濟金的國民，一旦獲有任何報酬，就屬有工作所得，即不符合領取救濟金資格。小姐們不想放棄救濟金，又想兼差賺錢，於是發展出這種港口文化。她們主動上船找客人，但不跟你談交易，規避了工作酬勞的對價關係，也就不違反政府領救濟金的規定。

可是，如何在不談交易的情況下，讓船員願意掏出鈔票來呢？這就有學問了。所謂文化，就是相沿成習的慣例。船員何其神通，對各港口的慣例，都能精準掌握，而且運作自如。

試想一下，一位美眉來到船上跟你十來天，對方有情有義無條件陪你吃陪你睡，當她要下船離開時，你會怎麼做，不會只來個飛吻送走人家吧！所謂有朋自遠方來，她們大老遠跑來跟你混這麼久，現在要回家，總需要一些盤纏吧。這就對了，就當作是賞點車馬費，不也是人之常情。

尤其臺灣人最愛面子，到哪說什麼都不能漏氣，更何況船員薪水頗爲豐厚，對一個陪你幾度春宵的嬌客，付個五、六十元甚或上百元美金，對他們來說，絕對不成問題，而且都會感到物超所值，畢竟長時間在船上忍受孤寂，能獲得的身心平衡與慰藉，可不是金錢所能衡量者。就這樣，雙方各取所需，互蒙其利，可謂兩全其美。

有夠聰明吧！這些在港口討生活的小姐們，是誰發明了這樣的生存模式？創造了妳們合法的雙收入，也安慰了千千萬萬的行船人。紐西蘭港口文化萬歲！

滬申姊夫要命思想

前妻生長於屏東市郊的一個小鎮，她們家有六個兄弟姊妹，三男三女，前面三位是同母異父所生，前妻排行老五，和二姊、小弟為同父同母。大姊、大哥及二哥都住在臺北，二姊、小弟則住在高雄鳳山的眷村。

因為大姊住在天母，距我們住的地方很近，所以我最先認識她，那是在結婚前去拜訪大姊家。大姊夫是上海人，大家都知道上海簡稱為「滬」，不過，它還有一個鮮為人知的簡稱「申」，這是大姊夫告訴我的，我就私下稱他滬申姊夫，可能是思鄉情切，他也樂於這樣的稱呼。他身材圓滾精壯，看起來頗為福相，也的確是。

臺灣光復初期，百業待舉，政府撥遷來臺後，開始逐步發展經濟。民國四十二年起第一期四年經建計畫，首先扶植的產業就是紡織工業。許多上海商人延續清領時期其先祖奠下的紡紗織布基礎，來到台灣剛好趕上獎勵產業發展的浪頭上，成為大陸來臺首批受惠者，遠東紡織創辦人徐有庠先生就是典型的代表人物，前妻大姊夫也是當時諸多相關下游業者之一。

大姊夫生性豪邁好客，雖然年過六旬有餘，但講話聲如洪鐘，動作不受體型影響，頗爲靈活輕快，因爲住得很近，也有小酌習慣，而且跟我同樣嗜好品嘗金門高粱，所以不時會去陪他喝幾杯，算是忘年之交，相談甚歡。

印象深刻的是，滬申姊夫每次酒過三巡，就會談起生死問題，我那時我才三十出頭，聊這些有點無感，引不起太多共鳴，只能靜靜聽他細述國共內戰，感慨人生無常，商場如戰場，人心如豺狼等等生命歷練的感受。

他覺得生命像浮萍，來去隨波飄動，誰也無法掌控，只能任由它去，所以他從不忌口，不運動養生，而且避諱預防醫學，從不做健康檢查，他的名言就是「知道身體有病，不如不知道身體有病」、「不去管他，什麼事就都不會發生」，一副生死由命，富貴在天的樂天派。

話雖如此，他卻有一個罩門，就是怕死，聽起來有點矛盾。他不敢坐飛機，所以沒出過國，從上海到臺灣坐的是美軍艦艇，他認爲飛機飄在空中，簡直像是一個盤子在天上飛，隨時隨地都會掉落；他不坐計程車，認爲計程車司機都不要命，開得飛快又橫衝直撞，像是在搏命；他買得起車，但就是不買，擔心坐轎車太招搖，容易被歹徒盯上，小則遭搶劫錢財，大則被綁架勒索，嚴重則被砍被殺丟性命。

他偶而坐火車，但不坐第一、二節，也不坐末兩節車廂，因爲這幾節不是和迎面而來的火車相撞，就是被後面疾駛而來的車頭追撞，危險性最高，所以只坐第四、五節，聽起來還似乎有點道理。說得我有一陣子坐火車，也挑選中間的車廂坐，計程車也盡量少搭，至於轎車，那時候還買不起，比較不擔心。

他只坐公車，他說公車大，有專業的司機，受過嚴格的訓練，駕駛經驗豐富，而且，坐的人多，司機比較會有職業道德，不敢隨便亂亂開，最是安全。他不只是說說而已，從我認識他到他過世，除了公車，的確沒看過他搭乘其他交通工具。

他過世時不過七十出頭歲，說起來諷刺，他不是死於最擔心受怕的交通工具，而是死於他最不在意的身體健康問題。因爲吃喝不節制，不講求養生，不運動，又不去醫院，等到身體出大狀況了都不自知，死神自然會提早找上門。

有一天早上，大姊夫如往常般起床第一件事情先進入盥洗室，沒想到這次他踏進去的是生死門，就沒有清醒的出來過，因爲他坐在馬桶上中風了，發現後送醫，已是回天乏術。

滬申姊夫是我認識前妻家人中相處時間較多，也最聊得來，可惜沒幾年他就遭逢不測。總結他得一生，少年時歷經內戰生死門，僥倖逃過一劫，到臺灣胼手胝足，創建一番紡紗事業，走過長長一道辛苦門，老來因爲觀念獨立特行，除了沒少吃沒少喝之外，在生活育樂方面上，幾乎沒什麼享受到，連遺書都來不及寫，就不明不白走進了這道死門，令人不勝唏噓。

高速公路被丟包

我的老丈人，是我遇過最慈祥的長輩之一，近八十歲的年紀，還是精神奕奕，神采飛揚，每次看到他，臉上總推滿笑容，對我噓寒問暖，和藹親切，讓人覺得十分窩心。丈母娘與他則形成強烈的反差，對先生似乎從來沒在客氣，總是疾言厲色，丈人則像是木頭人，永遠不發一語，逆來順受。每每觀察到這場景，不免感慨萬千，暗自思量這樣夫妻相處的模式所為何來？除了歸咎於命運外，實在難以理解。

這世上難以理解的多了。不過，依現在簡單的科普，遺傳的概念應是萬物生生不息的根本法則，一個人的個性、體型、智能、健康及行為舉止，甚至思維模式，莫不與遺傳有關。

此一定律在她們家顯露無遺，二姊完全遺傳到她爸爸的好脾氣，待人溫和有禮，講話輕聲細語，二姊夫是個老兵，一輩子在軍中打滾，嚴厲對待部屬的全套劇本照樣搬進家門，對老婆、小孩除了命令，還是命令，就算我在旁邊，一樣大稱喝叱，毫不掩飾，讓我頗為尷尬，二姊則毫不以為意，總是笑臉以對，真是佩服她的情商滿分。

另外一位帶有顯著遺傳基因的是大哥，個性與行事風格都和母親極為相似。他在一家知名媒體集團擔任社會工作部部長，頗有身分地位，只是我總有點懷疑，他是否適合這份工作，因爲在他身上，很難感受到一位社會工作者的大愛精神。

就說一事，有次陪同前妻回娘家，兄弟姊妹齊聚一堂，應該是家裡有什麼節慶吧！那時候我們沒車，回屏東都是坐火車轉客運。聚會結束，因爲急著趕回臺北，我主動拜託大哥是否能搭個便車。難得大哥點頭答應，這是我第一次，也是最後一次搭他們車。

大哥家住永和，我們住天母，到臺北市區後，究竟要在哪裡放我們下車，看是一件再簡單不過的事，其中水卻很深，學問頗大。

這眞是個人性大考驗，如果有親戚搭你便車從屏東回臺北，朋友家住天母，你要回永和，請問你會如何安排車程？是先送他們回天母，你再開市區道路回永和，這樣繞一圈，可能會耽擱四十分鐘，但對搭車的人最方便。

第二種方式，先從重慶北路下交流道，迴轉到往士林方向的站牌，讓他們自行搭公車回家，你再順上高速公路回永和，雖然不需繞道，但還是要先下交流道在上，可能會晚二十分鐘到家，客人則至少要花半小時搭公車。

第三種情況，是直接驅車從高速公路接往建國南北路高架橋下到辛亥路、羅斯福路口讓他們下車，你則以最順路的方式走永福橋回去，這樣最多耽誤五分鐘，至於親戚怎麼回去，那是他們的事。我估算了一下，在這種情況下，可能要花一個小時以上才回得了天母。

還有第四種可能嗎?當然有，只是你想不到，而且，我認爲沒有人做得到。但是，大哥不但想，而且就這樣做了。

車子到林口附近時，大哥告訴我們，他要趕回家處理一些重要事務，不能送我們回家。方向盤在他手上，我們當然只能尊重，只是想說那應該會讓我們在重慶北路下車，這也還好，都已經回到臺北，在哪下都方便。

當車開到接近重慶北路交流到時，只見大哥打了方向燈，車子明顯減速下來，緩慢靠右，看似要下交流道，可萬萬沒想到，在接近交流道分叉路段下坡前兩、三百公尺處的高速公路上，車就靠邊停了下來，大哥說：

「你們在這裡下車，下去就是重慶北路，那裡有很多公車可以搭。」

什麼!要我們在高速公路上下車?

沒錯，我們被丟包了，丟包在高速公路上。

我已經忘了，當時有沒有拜託他下交流道後再讓我們下車。只記得我和前妻兩個人就這樣走在高速公路上，看著車子一部部以一百多公里速度從身旁呼嘯而過，震耳欲聾的轟轟隆隆聲響，挾帶著一陣陣掀起的疾風，隨之飄來一股股令人作噁的汽油味。心臟乒碰乒碰跳到都快喘不過氣來，還要忍受打在臉上隱隱作痛，吹到眼睛幾乎張不開的沙塵。那情境，只有一個驚恐可以形容，實在害怕隨時隨地被車子碾過。

還好，爲善者，天必祐之。約莫走了兩、三分鐘，聽到「趴波趴波」的警笛聲及「嗶嗶嗶」急促的哨音，接著就聽到粗壯渾厚的叫聲：

「快靠邊，靠邊，停下來，停下來！」高分貝的怒吼聲，聽起來十分刺耳，卻讓我們放下心中大石頭，身心完全鬆懈下來。警車終於停在我們前面，警察從副駕駛座探出頭來，大聲喝叱：

「你們怎麼會在這裡？太危險了，快上車！」

聽了我們的說明，波麗士大人不敢置信，懷疑地說：

「眞的嗎？不會是在車上吵架被趕下車吧？」看來不會有人相信我講的理由，未免太瞎了。不過，大人確實盡到爲人褓母的責任，下交流道後還迴轉讓我們在往士林的公車站牌下車，但最令人感動則是這句話：

「今天就不開你們罰單了，下次不能再這樣。」原來任意走在高速公路上還會被開罰單。

這次驚魂之旅，總算安全落幕。之後我偶而向人提及這趟遭遇，每一個人都嘴巴張得大大的，露出同樣驚訝的模樣，覺得不可思議。

人性，永遠都不可思議。

電機師你想幹嘛

我結婚以後，還又上船工作了一年。

很多人不了解遠洋貨輪船上人員的編制與工作性質。在民國六十年代，一艘萬噸級的貨輪，編制約在二十八至三十人間，其中甲級船員約占三分之一，需要取得相關職級的證照，其他則爲乙級船員。分別職司航海、輪機、電報、和管事（事務）各個部門的工作。

航海和輪機部門除船長和輪機外，在航行中都採六班制輪班，航海部門由大副值清晨四點至早上八點及下午四點至晚上八點兩班；二副值中午十二至下午四點及午夜零點至四點；三副分別值上午與晚間的八至十二點。輪機部門負責輪值的是大管輪、二管輪與三管輪，值班時間依職務高低與航海部門相同。現代的輪船多爲柴電動力系統，經由發電機產生電力，再帶動馬達及推進器，所以輪機部還有一個獨立的職位，就是電機師。

船副除了航行值班外，平常及靠港後都各有其職。大副要負責貨物載重的計算與裝貨位置的安排，以確保船隻在航行顛波中維持平衡，並注意到港卸貨的順序，不致造成翻箱倒櫃的狀況，同時指揮管理水手長所帶領的水手部門人員；二副要在出港前規劃下個航次的航行路線及預定到港時間，並負責船上醫藥與簡單的醫務工作，譬如給藥、一般外傷的消毒與包紮，必要時幫船員施打針劑等，另外在進港前調查看病名單，到港後陪同就醫；三副則負責到港前的報關及檢疫衛生事項。輪機部門的各級幹部亦有其相對應的工作職責。

我在擔任二副時，曾有幫一位輪機長打針的經驗，那時服務於一艘十萬噸級的油輪，固定從南美洲委內瑞拉裝載原油，運至美國東岸各個港口卸貨。有一航次要在波士頓港卸油，進港時剛好遇到大風雪，輪機長在整個航程中都待在機艙內吹暖氣，只在靠港後因工作需要才上到甲板，卻因溫差太大染上風寒，但來不及就醫，船就離港了。

沒想到船出港後，輪機長就臥床不起，我建議幫他打一針類固醇，他一直問我行不行，我說沒問題，在救護訓練課程中都有學過。他雖然不放心，但被重感冒折磨到都快掛了，只好接受。我確實有學過，但從沒眞正給人打過針，這是我有生以來第一次將藥劑注射在眞人身上。

如果是打血管我也不敢，還好是皮下注射，只要把針筒筆直的扎在手臂上，再壓下活塞推桿將藥液注入肌肉內就行。過程確實是如此沒錯，當針一扎進皮下時，輪機長「啊」了一聲，直嚷「好痛好痛」。搞得我緊張兮兮，拿針筒的手竟然一鬆，只見整支充滿藥水的針筒掛在在輪機長手臂上上下一直搖晃，嚇得他哇哇大叫，但針筒還在他身上，也不敢亂動，差不多過了五、六秒，我才回過神趕緊抓住針筒，把類固醇打進體內。可能病毒都被我嚇跑了，不到十分鐘，輪機長很快恢復元氣，精神奕奕的下樓到餐廳吃東西。

因爲那條船是十萬噸級的大型油輪，許多機械設備都十分先進複雜，所以特別配置一位專職電機師，負責船上機電之維護、保養與修理。我們年齡相近，我在值航行班時，他偶而會跑上駕駛台和我聊天，其實這是違反規定的行爲，駕駛台禁止非相關人員進入。

閒聊中，談到我跟前妻認識與結婚等經過情形。他未婚，也沒交過女朋友，對男女感情的事特別感興趣，我跟他講前妻公司有很多未婚美女，等下船後幫他介紹，看來他是當眞。每次聊到前妻，感覺他的眼睛都咕嚕嚕地打轉轉，一副竊喜與期待的模樣。那當下，我沒想太多，也不疑有他。

因爲上船時間不一樣，他比我早合約期滿回臺，期間我們沒再聯絡，過了半年左右，我也期滿離船。回到臺灣後，原本規劃繼續跑船，後來不意考上調查局，才結束航海生涯。

當還在等候上船期間，我沒事就往市區跑，有時會順便繞到前妻上班地方，等他下班一起回家。有一天，我逛完街後，走到前妻公司樓下，遠遠就看到船上那位電機師。咦！他怎麼會在這裡？我就停下腳步，暗自觀察一番，沒多久，看到前妻從樓梯走下來，原來他來找前妻，兩個人有說有笑看起來還聊得蠻開心的，我再也忍不住，就走了過去，喊了他一聲，電機師轉身看到是我，臉色驟然大變，一副驚慌失措、六神無主的模樣，我淡定地笑笑跟他打招呼：

「嗨，小賴，還沒上船啊！」他的表情尷尬不已，嘴唇顫抖牽動不停，完全語塞，講不出話來，最後勉強擠出一句：「我要回家了。」我問他還沒上船，他跟我說要回家，已經語無倫次了。

等他走後，我問前妻：「妳都沒跟我談過電機師有和妳聯絡。」

他一副無辜的樣子，說：

「我怎麼知道他要來？」

我問她：

「他來找你幹什麼？」

她說：

「就聊天而已。」

後來問前妻他有沒有再來，她說沒有，至此我沒再追問，究竟電機師幹了什麼，或是想要幹嘛，其實已無關緊要。

老婆的初戀情人

我在認識前妻時，她跟我說，在我之前只交過一位男朋友，也是她的初戀情人，我當然選擇相信。

至於他們爲什麼分手？前妻說男朋友非常愛她，在論及婚嫁時，到他家去拜訪未來的公婆，不意之後男友跟她講，他母親不喜歡她，覺得她太「軟汫」（閩南語，軟弱的意思），不會煮飯，也不會做家事，捧不起夫家的飯碗，就這樣被迫分手。

原來前妻這位初戀情人，來頭還不小，據說他爸爸是北部賣二手車的知名富商。可能有人會認爲，只是賣二手車，又不是歐洲高級名車的進口商，似乎也沒什麼好炫富。

如果把時間拉回民國七〇年代，臺灣正如火如荼的展開十大建設，經濟才剛要起飛，一般人都還買不起自用車。這讓我想起，在跑船時，每次船到日本港口，看到碼頭工人個個都開著私家車到船工作，心裡總是感慨萬千，要到什麼時候我才買得起車子。

其後回到岸上工作，印象中，每次上班時，從士林往臺北市區路上，坐在公車靠窗座位往下一望，整條大馬路除了一部部公車，其他大部分都是計程車，私家轎車可是少之又少。

那時候沒有捷運，雖然台鐵淡水線還有在營運，但班次並不很多，而且搭火車的人仍然需要轉車，所以上班族還是以公車爲主要交通工具，因此每班公車都是人擠人。不像現在，公車路線交織綿密，坐車的人卻非常稀落，我常在想，這些客運公司如何能撐得下去？

回溯前妻在和初戀男友交往時，是在六〇年代，私家轎車更是罕見，買不起新車的人，想方設法弄一部二手車，也是要有相當財力才負擔得起，當然會引起左鄰右舍及親朋好友羡慕眼光，頗值得炫耀一番。

前妻男友家裡專賣進口高級二手車，利潤肯定相當可觀，而其所接觸的人，也不是一般市井小民，多少有點地位，這位小開又是獨子，豪門人家挑選媳婦時，能不高標準嚴選？

前妻長得五官端正清秀，舉止優雅，而且又是大專生，應該是大部分婆婆屬意的媳婦人選才是。但我聽她說，男友母親的條件可不一般。

首先身材要高挑健美，前妻健美沒得話講，然身高只有一百五十幾，第一個條件就不符合；再來，膚色要潔白細嫩，而她是標準的黃種人，第二項條件一樣過不了關；第三個條件，學歷要好，前妻讀的是私立商專，他媽媽認爲至少是要北部的國立大學，這一點又被打槍；第四項條件，要會持家，說白話，就是要會煮飯、打掃，做家事，前妻是美食主義者，但不擅長廚藝，愛乾淨，但不喜歡整理家務，對這位嚴苛的媽媽而言，就是前面說的「軟汫」；還有第五個條件，也是最重要的門當戶對，他們家是生意人，若從古代士農工商的地位尊卑觀點，做生意出身算不上名門，但現在有錢就是大戶人家，所以他們是澈底的門不當戶不對。

據說在殷商時期，人們熱衷於經商，商人頗受社會敬重，但是周朝把商朝滅了之後，統治者爲了避免人們緬懷前朝，開始推行「重農抑商」政策，形成「士農工商」的封建階級意識，根深蒂固影響了往後上千年來的思想觀念。

但是，到了明清時期，商人的地位發生改變，躍升到讀書人之後變成「士商農工」。電視劇裡的晚清紅頂商人胡雪巖，最爲人所熟悉，所謂「爲官必學曾國藩，經商必讀胡雪巖」；還有「喬家大院」的主角晉商喬致庸，資產數千萬兩白銀，後來還當上中國第一任銀行銀長，顛覆早期學而優則仕，形成富而優則仕的顯例。而這些富商所帶來的社會影響力，基本上就是近代資本主義意識抬頭的關鍵。

前妻和初戀情人，就在這種社會價值觀的荼害下，活生生被拆散。

結婚後，有一天我打電話到前妻公司找她，接電話的是她同事：

「馮秋蘭不在，請問你是哪一位？」

「我姓陳。」

「哦！你是陳世霖喔？」我說：「不是耶，馮秋蘭不在，那我晚點再打好了。」就掛斷電話。

晚上回家，我問前妻：「陳世霖是誰？」她說是她前男友。

原來他們還有聯繫，這可是我結婚好幾年之後的事，雖然心裡五味雜陳，但我並沒多問，往後也幾乎忘記有這位跟我一樣姓陳的小開。

可是本書稍後不得不再談到他，究竟會有什麼大事非得他再出場？不急，等下一章再來揭曉。

順風順水的老闆

前妻在商專畢業後，就進入證券公司任職，工作近二十年，後來因爲公司證照被撤銷，才轉到另一證券公司，兩家公司的老闆是兄弟。

她這輩子職業生涯中，經歷經濟不景氣，生活難以爲繼，到股市一飛沖天日進斗金，過著揮金如土的快意人生，乃至其後又跌到谷底，被打回原點的大起大落，終究趨於平淡度日，或許這正應驗了「命裡有時終須有，命裡無時莫強求」的至理名言。

前妻這些歷程，在上一章大致敍述過，現在要談的是她第一家任職公司的老闆。爲什麼要談他，因爲她在我們婚姻的過程中，也扮演了一個十分微妙的角色。

她的老闆姓林，長得天庭飽滿，地格方圓，臉上容光煥發，顴骨豐隆，山根高聳，鼻頭圓潤有肉，就算不會看相的人也都知道是天生的福相，有權又有錢的命格。

這家證券公司是他老爸創立的，套句現代用語，標準的富二代，不費吹灰之力就繼受家業成爲名正言順的總經理，即使親弟弟也只能屈就掛個副理頭銜，和小職員一起坐在大廳的角落。

政府爲獎勵投資，規劃以建立健全市場作爲資本形成的重要途徑，遂於民國五十一年二月九日成立臺灣證券交易所。證交所開業後，經主管機關核准登記的專業證券經紀商共有二十四家。但因證券市場交易清淡，部分證券公司相繼申請停業，或因違約而暫停營業，先後遭主管機關撤銷登記。至民國七十七年七月底止，專業證券經紀商只剩十四家。

證券公開交易後，主管機關訂定「證券商管理辦法」規範證券公司，以利證券資本市場之推行。然該項辦法，僅屬臨時性之權宜措施，不足以因應日益擴充之證券市場。行政院遂研擬證券交易法，提升證券商管理的法律位階，以有效健全證券交易秩序，改善證券投資環境。

證券交易法於民國五十七年四月十六日公布施行，依據該法規定，證券商須經主管機關特許發給證照，方得營業。特許的意思，就是國家具有核准與否的專屬權力，原則上應就公益有無必要、申請人之經營能力是否適合，以及政治經濟社會方面種種條件作爲其審查標準。

也就是說，不是任何人想要申請成立證券公司政府就要核准。這就可以理解，爲何在民國七十五年股市一飛沖天後數年，證券公司獲利百倍的清況下，臺灣的證券商仍然停留在民國五〇年代十四家規模的原因。

股市交易量不斷擴大，證券公司大賺其錢，相關從業人員待遇優渥，前妻躬逢其盛，每個月可以分紅二十多萬元，頗令其他行業人員眼紅稱羨。另方面，讓外界忿忿不平的是，許多金融公司或有點資金的商人、資本家，無不磨拳擦掌都想投入證券業跟著分杯羹，卻苦於受限證券交易法特許制度，無法順利取得相關營業執照，導致社會各界對證券公司的暴利壟斷現象交相抨擊，要求政府開放證券商設立的呼籲壓力愈來愈高。

主管機關遂於民國七十七年元月二十九日修訂證券交易法，開放證券商之申請設立，將原定的特許制改爲許可制。許可相對於特許，前者是指人民依主管機關規定的要件提出申請，主管機關原則上卽應予以核准；後者由於政府有專屬的核准權力，就算申請者所有條件都符合規定，主管當局還是可以權衡其他因素綜合考量後，作出准批與否的決定權。簡單地說，許可制就是放寬申請的限制。

果然，在民國七十七年開放證券經紀商執照申請後，讓原僅有十四家的證券商，到了民國七十九年，短短兩年不到，大幅增加到三百八十一家，同時也成爲了助長第二階段臺股飆漲的導火線。

我花這麼多篇幅詳細介紹當時規範證券商保守到開放的法規演變，主要是和前妻公司林老闆從日金斗金到收入歸零過程有很戲劇化的直接關聯性。

我曾經聽前妻說過這段鐵口直斷的命理故事。事情是這樣的，林老闆篤信風水，據說他有一位御用命理師，在民國七十五年間，不知是夜觀天象，還是掐指八字，總之就是很明確向林總預告，三年後他將會把公司收起來。換句話說，他還有三年可以當老闆的命，之後就會退隱山林。

三年後，就是民國七十七年，立法院通過證券交易法，證券商的申請從特許制改爲許可制，但規定資本額提高至新台幣五千萬元。由於當時證券業利潤實在太過可觀，吸引衆多有興趣經營的個人或公司提出申請，在此之前已特許設立的證券商，因原資本額只有三千萬元，必須增資達到新規定的門檻，始得繼續營業。

不知道前妻這位老闆是過度迷信聽信風水師的話，還是老闆當膩了嫌錢賺太多沒地方放，或是眞的已經沒有當老闆的命，反正就不願意拿出二千萬元來增資，取得繼續營業的資格。

一個不費吹灰之力，每天坐享大把鈔票送上門，穩賺不賠，人人搶著進場的證券公司，竟然就因爲老闆一念之間，活生生被財政部撤銷營業執照，這位不愛公司也不愛鈔票的個性老闆，聽說就如同命理師所言，眞的澈底消失在商界，天天遊山玩水，過著閒雲野鶴的日子，著實令人匪夷所思。

還記得前面提到他那位掛名副理的弟弟嗎？因爲總經理哥哥收掉公司，後來他自己獨資另外申請設立一家新的證券公司，大部分幹部和重要職員都來自原來大哥旗下員工，前妻也被延攬至新公司，並升任爲營業員，卻因此發生一些影響十分深遠的重大事件，詳情容後交代。

而這位特立獨行，退隱山林的大哥老闆，可能閒著沒事幹，竟把精力一股腦轉進至感情的世界中，前妻也不免失手被捲入這股漩渦，這可是另外一個故事了。

第四章　婚姻後傳

關於我的婚姻，師姐觀看水晶球後，明確具體、斬釘截鐵地說：

「陳先生，我跟你講喔！你們夫妻的緣分已經盡了，會在明年過年前後離婚，而且會和平的分手。」

「這是命定的結局，大約兩、三個月後會浮現訊息，到了年底時機一到，事情就會明朗。」

師姐說得一派輕鬆，人的緣分就是這樣，緣起緣滅，該在一起的就會在一起，該分的時候就會分，不論你要或不要，都強求不得。

鐵口直斷你會和平分手

本書第一章開宗明義就說到，結婚三年我就想離婚，因爲前妻大吵大鬧，怕鬧出人命，就不敢再提，時日一久，也就麻痺了，就這樣渾渾噩噩度過了七個年頭。到了民國七十八年夏天，辦公室有一位同事忽然問我是不是想離婚，被他這樣一問，一下愣住了，我到底眞想離婚嗎，當下冷靜思索，其實也還好啦！因爲日子已經過習慣了，所以就回他：「想是想啦，只是也沒有非離不可。」他就說要介紹我去算命。人拿不定主意，不如讓神來決定，於是我去了。

我依地址找到了一戶民宅二樓，是在臺北市成都路底環河南路上，看起來是一處私人神壇，主神供奉媽祖，由一對年輕夫妻主事，幫人算命的是他太太。雖然是神壇，但並不是神明附身的乩童，而是看水晶球論命，有點像是中西合一，感覺十分奇特。

在師姐看水晶球的桌子上方，掛著一個論命事項與收費標準的牌子，包括田宅、事業、婚姻、財運、陞遷等項，單問一項四百元，全部都問好像是一千五百元，這在民國七十年代其實還眞不便宜，但想算的人卻趨之若鶩，必須要一大早去排隊領號碼牌，再依序前去問事。

我記得第一次去晚了點，竟然領到下午三點的號碼牌，只好回去請半天假，但問完後確實覺得不虛此行。

輪到我時，師姐要我在一張十六開的白紙上寫下姓名、年齡（不用出生年月日）、生肖、地址和想要問的事項。我只寫婚姻兩個字，師姐一句話也沒問，不像傳說中有些江湖術士望聞問切半天的套話，就做了一個起手勢，然後眼睛盯著水晶球，一動也不動，約莫有五分鐘之久。

觀看完水晶球後，做了一個收手勢，就開始滔滔不絕地講，偶爾會在紙上寫一些關鍵字，但沒有我插嘴的餘地。

關於我的婚姻，她說得明確具體，斬釘截鐵：

「陳先生，我跟你說，你們夫妻的緣分已經盡了，會在明年過年前後離婚，而且會和平的分手。」

師姐進一步解釋，人的緣分就是這樣，緣起緣滅，該在一起的就會在一起，該分的時候就會分，任何人也強求不得。師姐最後問我有什麼問題，我問說我需要怎麼做嗎？她說：

「這是命定的結局，你什麼都不用做，大約兩、三個月後會浮現訊息，到了年底時機一到，事情就會明朗。」

說得好像我多想離婚似的，我可是什麼都沒說，甚至都沒說已經結婚了啊！更沒透露出半點我的婚姻狀況。

我雖然愛算命，也經常算命，不過對算命說的，通常都以平常心看待，不會太認眞，因爲有很多都不是算得很準。

我去找水晶球師姐算命的事，沒跟其他人講，就連介紹我去的那位同事也沒說，因爲當下對師姐的說詞，基本上是半信半疑。前妻的個性我知之甚深，如果她無意離婚，天皇老爺也拿她沒輒，而這麼多年來，雖然我們形同陌路，生活少有交集，但怎麼看，都看不出她有改變心意的跡象。

時序來到秋天，正是普天同慶的十月，街道上到處都掛滿國旗，那天我先回到家，坐在沙發上沉澱一下，腦海還正在浮現那紅通通旗海的美麗景象，一下子被大門「喀擦」的開門聲打斷思緒，前妻回來了。平常她都一進門就直接衝臥房換居家服，這次不一樣，一看到我，馬上劈頭就問：

「你不是說要離婚嗎？」我被這突如其來的話問矇了，心臟「撲通、撲通」一陣猛跳，也不知是驚還是喜。但因爲猜不透她眞實的意圖，表現一副無所謂的樣子說：

「是啊！」

她馬上接著說：「有空我們可以來談一談。」

「好啊！」我順口回應。

她沒再說什麼，就進房間去了，當天沒再對話。

之後幾乎每天回來，她都會談到離婚的事，我總是被動回答，沒跟她多聊，因爲搞不清楚她的想法。

大約個把星期後，有天她回來洗完澡換好衣服，好整以暇地坐在沙發上，手上拿著一張紙，一副認眞要談的模樣。

原來她已擬好一份手寫的離婚協議書，那時候還不流行用打字的文件，我看了一下，不是她的字跡，顯然是有高手在下指導棋。協議書上寫說我要給她一筆贍養費，記得是兩百萬元，這對我而言，可是一筆天文數字。

我說付不起這筆錢，她竟回：

「你可以賣房子啊！」原來早精算好了，那時候我天母的房子大概就這個價格。要我賣房子？我寧願死守這個雞肋婚姻。

那天晚上，就這樣不了了之。

其後的一、兩個月，幾乎每天晚上都環繞著有一搭沒一搭的離婚話題。她眞的想離婚，而且十分迫切，原因不明，但我懶得問，就只提出底線，看她如何接招。贍養費一百萬元，分十年，以每年累進方式給付，經過一番激烈爭辯，我堅持底線，反正離不離對我已經沒差，她拗不過，終於答應，這時間大約是那年國曆年的年底。雖然我們達成協議，但沒再一步討論具體內容，她也出奇的安靜，讓我感覺前面說的，好像只是一個無心閒聊的插曲。

直到民國七十九年農曆十二月的小年夜，這是年節前的最後一天上班日，約莫下午三點，我接到她打來的電話：

「等一下四點你到重慶南路一段〇〇號〇〇大樓來。」我還沒答話，她就接著說：「記得要帶身分證和印章。」不等我回應，電話就掛了。

要我帶身分證和印章，就知道她要幹嘛，她沒明講，我也不問，這就是我們婚姻長時期的相處模式。

她眞會挑時間，本來年假前，各行各業員工個個無心工作，都在等下班，大家滿心歡心聊著中午除夕餐會誰中什麼獎，或是過年要去哪玩等話題。我掛下電話，趕緊把辦公室的事情交代淸楚，帶上身分證和印章，跟主管打個招呼，說有事要提前下班，主管當然說好，互道恭喜後就準備離婚去了。

下午四點，依約到了重慶南路，遠遠已看到她等在那邊，而且東張西望，一副引頸期盼的神情。她看到我立馬就說：

「我們上十樓，到〇〇律師事務所辦離婚。」都計畫好了，我不免感慨，結婚七年來，直到離婚這天，除了上班工作的事，所有的生活大小事，幾乎都是她在安排，我只有聽命的份。

進了律師事務所，一位中年男子接待我們坐定，前妻不疾不徐的從皮包中取出寫好的離婚協議書，交給這位先生，看完後轉交給我，要我仔細確認有沒有意見。因爲先前協議時，只敲定總數是一百萬元，分十年採累進交付的大原則，但每月要付多少錢並沒有講清楚，我在審閱內容時，發現有兩個問題，一個是累進級距金額差距不大，幾乎是平均值，第二個問題是若照她說的應付金額，十年期間所付的總金額大約是一百五十萬元，我說：

「不是講好一百萬嗎？」她說：

「多的是利息。」瞎米？還算利息？這就是她，雖然很多事都搞不清楚狀況，但該計較的就是不會忘了，精打細算。

「不行，我們講好了，總數就是一百萬元。」我十分堅持，她沒再說什麼，考慮了幾秒，就說：「好吧！」

那位應該是律師的男子趕緊拿出紙筆，依敲定內容另外謄繕一式三份，交給我們過目。雙方都沒意見後，他就在見證人欄上寫了兩個人的名字，並從抽屜拿出好幾顆印章，一一蓋上，兩份裝在信封袋內交給我們各持一份，另一份留下存證。

就這樣，紛紛嚷嚷的七年婚姻，至此總算即將塵埃落定，有了個了結。

但這份協議離婚書有效嗎？現場沒看到兩位見證人，都是那個男子簽的名，蓋的章，我甚至懷疑他根本也不是律師，因爲牆壁上看不到有什麼律師證書。是不是律師其實不太重要，但他不怕犯上僞造文書罪？不擔心有人會去舉發他？

在電梯內，我問前妻怎麼會找上律師作證人，她說因爲找了好多同事還有我同學，就是沒有人願意幫我們蓋章，她甚至埋怨：

「鍾○○、黃○○眞沒道義，說什麼就是不肯當見證人，虧還是你最要好的同學。」

咦！這是什麼話，最好的同學就得要當離婚證人？

走出大樓，其實已經到下班時間，我們也沒說要一起回去，反倒是很有默契的各走各的，爲了不和她走到一條路上，我特別躦近一家書店，胡亂翻了翻架上的書，耗過了約個把小時，才離開書店搭車回家。

那一天，正逢寒流來襲，全身凍到不行，但我的感覺卻無比溫暖，心情也甚是輕鬆。天空雖然灰矇矇地飄著細雨，內心卻一片明亮清爽，慶幸終於能從折磨這麼多年的婚姻枷鎖中解脫。

走在忠孝西路，看著沿路都是攜帶大包小包匆忙趕著返鄉過年的人潮，思緒也隨著那些遊子急切回家過年的喜悅，自己不禁加快腳步，想著趕快回自己的家。

回到天母，前妻已在家，只見她動作迅速的在整理行李，原來她早已買好當天晚間回屏東的火車票。以往，都是我們一起回去的，這次，在下午打電話給我之前，兩人都沒討論過今年過年要如何安排。萬萬沒想到，她都已暗中規劃好一切，步步精心設計，堪稱是史上一場最完美的離婚密謀計畫。

雖然那個年我一個人過，但卻像是和一位至愛的人度過一個最甜蜜的年節一樣快樂。

前妻在放完年假上班前一天回到天母，晚上臨睡前，特別一再叮嚀：

「你要記得明天下午四點準時到戶政事務所辦理離婚登記喔！」

我最自詡的就是守時，隔天下午三點五十五分左右，就抵達士林地政事務所，她已經等在那邊了，這是她第二次遵守時間，第一次就是過年前去律師事務所簽離婚協議書時，而且兩次她都提前到達。

我跟她相處那麼多來，有很多讓我很難接受的事，但有一點我沒提過，她最大的問題是不守時。曾經有一次她約我和同事一起吃飯，我依約準時到餐廳，隨後她的三位女同事也相繼到達，她遲到大家都不意外，但那一次竟然遲到整整超過一個小時，當下就有一位同事私下小聲問我：

「她這麼會遲到，跟她生活你受得了嗎，怎麼都不生氣？」我怎麼不生氣，但在那種場合我要怎麼生氣。

離開戶政事務所後，確定我終於離婚了，看著新身分證補發的日期寫著：「七十九年二月三日」，心中充滿著一份「解脫與釋懷」的深深感受，眞正的解脫，完全的釋懷。

當我拿到配偶欄空白的新身分證後，腦中卽刻浮現那位看水晶球的師姐說的：「夫妻緣分已盡，過年前後離婚，會和平分手。」的三句眞言，讓我佩服到五體投地。

講到和平分手，還得要提一下在律師事務所的一段插曲，在簽好字蓋完章要離開之前，律師突然跟我們說了一句：

「你們是我執業以來，經辦過那麼多離婚案件中，最平和分手的一對。」當下我心頭猛然一震，這句話怎麼這麼熟悉。他接著說：

「有沒有看到我的茶几、辦公桌和書櫃，到處都傷痕累累？」這才注意到，木製家具上有好多大小不一的凹痕，因爲有色差，看起來很是顯眼，心裡著實替他惋惜這些名貴的原木家具。律師解釋：

「這些都是來辦離婚的夫妻，因爲相互叫罵，或是條件談不攏，隨手拿起東西就砸，所以我現在都不用玻璃煙灰缸。」那個年代，沒有禁煙規定，一般室內茶几或辦公桌上都會擺個玻璃製的煙灰缸。我定睛一看，果然茶几上沒有煙灰缸，只放著一個裝有半杯水的紙杯。

水晶球的師姐，妳也是一位神人啊！

離婚推手

過年後第一天上班，我們到士林戶政事務所辦理登記，紛嚷七年的婚姻正式畫上休止符。不過，還有一件事情，就是財產處理問題，在離婚協議書上，只有提到贍養費的給付方式，關於房產等事宜，並未提及。

這是因爲在當時民法的夫妻財產屬於聯合財產，除非特別約定，原則由夫管理，妻子沒有處分其財產的權利，其實前妻對這些法律規定並不了解，而且離婚時，我們名下各自有一棟房子，天母東路是我買的，長安東路是她出的錢，雖然在先前討論時她有提出要我賣房子，她要分一半，我沒不同意，也就作罷。

辦好離婚手續的當天晚上，我們就面臨誰要搬出去的問題，她還是希望我賣掉天母的房子後平分金額，這說什麼我也不能接受，爭論了一個晚上，還是她妥協擇日搬去長安東路的房子，但當時還有租客，她要求暫住到租約到期再搬。所以離婚後我們還有半年時間同住在一個屋簷下。

人眞是奇怪的動物，充滿了矛盾情結，感情好的時候，如膠似漆，有聊不完的話題，感情破裂的時候，連跟對方打個招呼都是一種壓力。因爲離婚了，雙方沒有任何牽扯，反而相處起來比較自在，可以無拘無束的隨意聊天。因此在她借住的這段時間，晚上我們常會坐下來輕鬆的說一些心裡話。我最想問的第一個問題，就是爲什麼急著想離婚，她坦誠地說：

「是陳世霖叫我離的。」還記得陳世霖嗎？就是她的初戀情人，這我並不意外，只是還不清楚他們現在的關係。她說：

「去年十月，陳世霖一直跟我說爲什麼不離婚？如果生活上有什麼需要，他會全力支持。」

我問她：「他自己有離婚嗎？」她回說還沒。

不管他的婚因狀況如何，按照常理，前妻既是聽他建議跟我離婚，其後他們雙方應該會有很緊密的互動才對。

果然，離婚沒幾天，前妻晚上在家講電話的次數愈來愈多，時間愈來愈久，對話也愈來愈親密，肯定只有熱戀中的情人才會有如此頻繁與私密的對話，前妻竟也不避諱我聽到。當下，毫無疑義自是認定她在和陳世霖熱線。

約莫在離婚一個月之後，有天接到我二妹的電話，緊張又急促地說：

「二哥二哥！我下午坐公車經過金山南路，看到二嫂和一位胖胖的的男人一起走進星〇飯店耶！」難怪她大驚小叫，因爲她不知道我已離婚，還以爲抓到二嫂有外遇。我離婚的事，沒任何人知道，連家人也沒說。

「是喔！不要管她，我和她離婚了。」她大聲驚呼：

「你離婚了？好家在，害我嚇一跳。」但很快接著說：「恭喜喔！早該離了！」

這是我第一次聽到祝福離婚的話，而且是從我妹妹口中說的，其實，在我婚姻後半期，家人都希望我離婚，只是不方便說出口。

我理所當然認爲妹妹看到的胖胖男是陳世霖，就沒再細問。

當天晚上，前妻很晚才回來，我隨口問了一句：

「陳世霖長得胖胖的嗎？」

「胖胖的？沒有啊！他跟你一樣，瘦瘦的，你怎麼會問這個問題？」

「妳這些天都是在跟陳世霖通電話嗎？」我反問：

「不是啦！我在跟我們總經理聊天。」她淡定地說。

這著實令人意外！原來熱線的對象是她們總經理，不是陳世霖。那我妹妹看到的胖胖男，是林總囉？這就合理了，林總就長得圓圓潤潤。

前妻會和她的總經理搭上，而且在甫離婚不久就開始熱戀，看樣子更是直奔本壘，要不是她親口說出，說什麼我也不會相信。依合理推測，他們兩個的關係應該不是一天兩天的事，而是早於離婚前。

可是，不是陳世霖要她離婚的嗎？怎麼又跑出來一個總經理？實在讓人想不透。這有點像八點檔，超勁爆：

「所以鼓勵你離婚的是林總，不是陳世霖？」

她說：「是陳世霖要我離婚的。」蛤！我眞矇了。

「那他呢！妳們沒有在一起嗎？」

「沒有啊！我有跟他講我離婚了，講幾次電話後就沒再聯絡。」

「我不懂，到底是怎麼回事？」相信任誰都不懂。

「我是聽陳世霖的話才想要跟你離婚，因爲他一直認爲你對我不好，很替我叫屈，而且承諾離婚後有問題就找他。」

「這我知道，可是怎麼你現在交往的對象變成是總經理呢？」

「我跟總經理說我們離婚的事，他就約我出去喝咖啡。」

「你們應該很早就有在一起吧？」這樣的聯想很合理。

「沒有，眞的沒有，我們是離婚之後才在一起。」

哇賽！我被打敗了，這太不合邏輯了，太超脫現實了，堪比懸疑推理小說的劇情。

後來聽一位學佛的居士說，這就是所謂的緣起緣滅。他告訴我，陳世霖並無與前妻再續前緣的命，他的出現主要是在扮演我命中助緣者的角色。但這裡的助緣不是促成我們在一起的緣分，而是幫助了結緣盡的推手。

想想也是，前妻和陳世霖有聯絡也不是一朝一夕的事，可就剛好在水晶球師姐說的期間內他力促前妻和我離婚，在無形的命運安排之下，一離完婚，他的任務已了，就很自然地不會再有進一步的牽連。

這世上一切事務盡是這個道理，每一個人每一件事都已冥冥中被安排在既定的軌道上運行，表面看似個人自主意識的行爲，其實都是潛意識按表操課的結果。

我問這位居士，那前妻和總經理的關係呢，他說他只是前妻生命中的一個過客，算是曇花一現的插曲，不會有結果。果然，在她還沒搬回長安東路前，他們的熱線，也不知爲什麼就嘎然而止。不過，居士之後又補了一句話：「倒是你和馮小姐的孽緣還會拖上一陣子。」

我當時完全不放在心上。

破財化不了糾結

離婚半年後，前妻依約搬回長安東路住，我就沒再和她有所聯繫，總以爲就這樣緣盡情了，可以永遠不再會有糾葛，沒想到卻事與願違。

有一天，接到一通電話，是前妻打來的，問說有什麼事，她說也沒什麼事，只是想問我現在過得好不好，我說沒什麼好不好，就這樣過日子。隔了一、兩個月，又接到她的來電，還是問候近況如何，我說一切都正常，就把電話掛了。

這兩次來電，通話時間都很短，因爲我不想跟她多牽扯，本以爲這樣她就不會再打來。但是，我錯了，往後每隔三、兩個月，就會接到她的電話，雖然我都採取冷處理，但阻止不了她的問候，慢慢就覺得很受困擾，接電話的語氣也就愈來愈不好，所以講完電話後，同事大都仗義執言指責我怎麼對太太這麼凶，那時候他們都還不知道我已經離婚了。

說到這，就不得不提一下，我本不想告訴任何人離婚的事，因爲二妹撞見前妻和林總進賓館，家人才知道，但還是沒告知其他人，後來是因爲人事室專員一通電話，我離婚之事才被公開來。

人事專員打電話給我跟離婚有什麼關係呢？這得再補上一個段子，早期國家財力維艱，政府付不起太高的軍公教人員薪水，只好以實物補貼，這樣的制度始於我出生那年，對於改善公教人員生活不無小補。

實物配給主要是米、麵粉等日常主食爲主，配給對象除了軍公教人員本人，還包括其配偶和子女，現在還部分存在的軍公教福利中心，就是當時爲了代發生活必需用品而成立的。其後因爲發給實物大費周章，便修正爲可「擇領實物或改發代金」，直到民國七十九年，這項制度再次變革，將原來領取實物的作法全部改爲以「實物代金」名義，併入薪資核發現金。

我當時擔任人事查核工作，專責查辦公務人員違法貪瀆事項，自己當然不能違法領取不該領取的錢，所以離婚後，就主動填具申請表，請求停發我的「配偶」實物代金，但沒寫原因，人事室承辦人也沒問我爲何要停止領取配偶代金，就依規定簽請停發。

到了年底，人事室在整理下一年度薪資報表時，才被專員發現我不具理由申請停發代金，打電話問是怎麼回事，只好據實以告，很快這個八卦就傳遍開來，那一陣子，我每天都要忙於回答什麼時候離婚，爲什麼離婚等問題。

同事既然已經知道我離婚的事，於是我就跟他們說，如果有接到前妻來電，就都說我不在。後來經非正式統計，約半年時間，至少接到十通電話，雖然有點困擾，但她都只是問候，並沒有進一步讓我不能忍受的行爲。

民國八十年，我調職到另外一個機關不到一個月，就又接到她的問候電話，眞是服了她。我開始不假詞色，請她以後不要再打來，果然有好一陣子，沒再接到她的來電，以爲就此收手。

數年後，也不知道是什麼機緣，我去請教另一位通靈老師，這位老婆婆講的一些事我已不太記得，只有一點讓我印象深刻，她說：

「你在年底前，小心會有破財的事發生。」而且還講了一個數字，我當時只是笑笑，因爲不太在意，也就沒追問原因，或許問了她也不知道。

過了幾個月，時序來到初冬。

有天下午，我下樓開會，一回到辦公室，同事跟我說剛才有一位女生來找我，她形容說對方個頭不高，約莫四十來歲，留短髮。我問有說是誰嗎，同事說有問，但對方沒講，她看我不在就走了，我想應該是前妻。後來接到她的電話，經求證果然是她沒錯。我告誡她，不能這樣不請自來，她說想跟我商量個事：

「我想拜託你，把按月給付的贍養費一次結清。」我直覺她應該是財務上出問題。

就問她：

「妳先算一下，一次付清是多少？」她很高興地道謝說：

「好！好！等算好了就跟你說。」

隔天，她傳眞給我一份清單，詳細記載我每月付的金額，未付餘額還剩多少。我約略算了一下，這是把往後每月分期應付款加總的數字，後來在電話中我告訴她，如果要一次付清，應該要扣掉分期的利息才是，她說在協議時已經給我優惠，所以不能再扣利息。

其實我也只是隨意提一下，並沒有眞的要和她算得這麼淸楚。所謂「親兄弟明算帳」、「買賣算分，相請不論」，那只是在當事人都堅持不下解決問題的最後手段，我是大而化之的人，不太會精算，反正她說得算，就這樣講定。

我爽快答應一次付清有兩個理由，一是當初會簽分期給付只是因爲現金不足，並非刻意延遲給付，二是因爲她時不時來個電話問候，就想一次了結，或許會避免以後再藉贍養費問題來亂。所以她提出要求後，我二話不說，不到兩天就把錢匯給她。

這時才想起那位通靈婆婆，早已神準預言我會破財，尤其是時間和金額全都被說中，再一次印證這世界上，除了我們外顯上看得到的感知事物外，還有更多非科學，超越人類現有知識所能理解的領域。

最近AI人工智慧的出現，瞬間世界各地一堆人等彷彿都變成通靈師，每個人都在大放厥詞，預言未來。在我看來，科技再怎麼偉大，也只不過是在廣袤宇宙，亙古年代中所閃爍的一顆流星，相信還有更多多維空間的不可知現象，正等待人類去接觸與發覺，甚或有些我們頃洪荒之力，也都無法認識透測。

明天之後，會發生什麼事，就是一個永遠待解之謎。就像我本來有心存破財消災的念頭，期待付清贍養費，就可以斬斷前妻聯絡的藉口，然而，最後財破了，卻了結不了她的糾葛。

有人要殺我

從民國七十九年離婚，至往後將近二十年間，前妻總會不時打電話甚至不請自來，冷不防登門到我辦公地方，雖然嚴詞告知這樣已造成我的困擾，她永遠充當耳邊風，依然我行我素。

民國八十八年家庭暴力防治法開始施行，友人曾經提醒我可以去申請保護令，可我從來沒想過要這樣做，畢竟夫妻一場，而且她打電話或來訪其實也沒產生身心受創或實質影響生活的情形，所以就任由它去。

離婚後，我們之間，沒有子女共同教養問題，也沒有什麼錢財法律糾紛，她時不時來訪，不外乎一些問候語，原本就是沒事找事，但有些事情甚至還蠻瞎的。

有一次她自行到訪，問我有沒有女朋友，我回說沒有，她就說：

「那我可不可以搬來跟你住，因爲我把房子賣掉了。」

「妳爲什麼要賣房子？」

「身上沒錢了。」她很坦白地說，不用問，一定是玩股票玩完了。

不管什麼理由，想搬回來跟我住，門都沒有。其他細節，我也懶得再問，她只好悻悻然離去。

過了幾天，又打電話來，我一接起來就聽到她啜泣聲，哭了好一陣子，急促地說：「褚○○說要殺我。」褚○○是她們總經理的那位御用算命師，我很驚訝地問：

「他怎麼會殺妳。」我當時心裡想，是不是因爲她和總經理有關係，引起算命師的殺機？不過，這能成立嗎？她和總經理有關係，跟他什麼關係？而且，她講的時候，距她和總經理分手已經好幾年了。

「因爲他要追我。」她說。

「他要追你？要追妳爲什麼要殺妳？」

「因爲我不答應。」

「你不答應有必要殺妳嗎？」這個理由實在有夠牽強，後來一想，該不會是苦肉計吧，於是我鐵了心跟她說：

「褚○○要殺妳，妳應該要報警才對，跟我講有什麼用。」不等她再說，我就把電話掛了。

前妻和褚○○是否有感情上的牽扯，或許有可能，至於會演變到意圖殺人，十之八九是她爲了要引起我的注意和同情而掰出來的，如果確有其事，搞不好哪天會在社會版面上看到相關的新聞，可什麼也沒有。

隔了好一陣子，又接到她電話，這次同樣還沒開口就哭，哭完後，也是滿一副委屈地說：

「徐〇〇他們兄弟聯手打我，身上都淤青了。」徐〇〇是她大姊的兒子，他老爸就是前面提過的那位紡織大亨，不去體檢，不敢坐飛機，害怕坐火車，卻早早回家的滬申姊夫。

「發生什麼事，他們打妳幹嘛？」

她說了一大堆，講什麼已不復記憶，大意是不爽前妻對她媽媽態度不佳等等之類的。都已經離那麼久了，實在沒興趣聽她們的家務事，就打發她說：

「妳可以去報警，告他們傷害罪。」

「你可不以幫忙介紹一位律師。」

我說：「我沒有認識的律師。」就把電話掛了。

之後，沒再聽到她抱怨被誰欺負或跟誰有過節，也沒有任何關於她受傷害的訊息，我更加確定這些應該都是苦肉計，而她自己應該已發現這些苦肉計行不通。

果然，沒多久就改變了策略。

有一天，又接到她電話，這次沒有一把鼻涕一把淚的悲情戲碼，反而化身成一位天使，電話一接通，只聽到一個輕聲細語的溫柔聲音：

「我是馮秋蘭，你最近好嗎？」

「我很好」我停頓了一下，問：

「妳又有什麼事？」

「跟你講喔，我認識一位很厲害的中醫師，想介紹給你。」

「介紹給我？妳要介紹女朋友給我？」我實在困惑，她會給我介紹女朋友，還是位中醫師？

「不是啦！他是男的，我要介紹你去看病。」

「介紹我去看病？妳怎麼突然要我去看醫生？」這讓我更困惑。

「因為你一直都手腳冰冷，我聽說這位醫師對身體虛冷，幫人活血補氣很厲害。」

我從小到大，直至現在將屆耄耋之年，不一定要到冬天，只要氣溫下降，就算大熱天到咖啡廳，室內冷氣吹個幾分鐘，就開始手冰腳冷起來。她跟我結婚七年，當然非常清楚我身體的狀況。可是不要說離婚後，就算是在婚姻期間，從沒關心過這方面的事，怎麼會在離婚超過十年之後，突然想到我氣虛體寒的問題，還要幫我介紹醫生治病。

該不是要變天了嗎？

不過，這符合前妻的個性，你永遠猜不透她下一步會出什麼招。

「謝謝啦！我現在身體很好，沒什麼問題，不用看醫生。」

「妳要去看啦！這位中醫很厲害的，找個時間我帶妳去。」要帶我去看醫生？離婚這麼久，除了不請自來見過面，可從來沒有跟她約在外面過，就算我想去看醫生，說什麼也不用讓她陪著去，所以趕忙回說：

「這樣好了，告訴我是哪一家中醫診所，我自己去。」

抄下中醫師的電話地址，掛下電話隨即將之塞進抽屜。

我不想去看醫生，倒不是因爲是她介紹所以排斥，而是在那當下自覺身體狀況良好，也不相信有任何可以根治手腳冰冷的方法，所以一直到現在，這個困擾還在。

過了一個星期左右，又接到她電話：

「妳去看了沒。」

「謝謝啦！我現在身體很好，沒什麼問題，不用看醫生。」

她再度叮嚀：「你一定要去，不騙你，他治好很多氣血不通的病人。」

「知道啦！謝謝！再見。」

在這之後，隔了很久就沒再接到她電話。

大財主的菩薩心腸

我以爲她已經無招，使盡任何手段，都不足以讓我跟她重修舊好，所以不再和我聯絡。但又錯了，不過，等再度接到她的來電，已經至少是一年之後的事，她直接就說：

「陳滄海，你明天下午兩點到延平北路〇段〇號來，記得要帶身分證和印章，那個方形的象牙章，千萬不要帶錯。」又要帶身分證和印章，而且還指定哪個章？心裡有點納悶，就問她：

「帶身分證和印章要做什麼用？」

「之前有用你的戶頭買賣股票，還有一些零股我現在要轉出清空。」

我知道她在用我的帳號買賣股票，但不清楚還有零股，零股應該不值多少，否則她早就把它出清了。如今已經事隔十幾年了，怎麼突然要清掉零股？雖然疑惑，也沒多問，因爲知道她行事風格，多問無益，反正照辦就是。

前妻原任職的證券公司已經因爲老闆不願增資遭撤銷營業證照而解散。老闆弟弟遂自行另起爐灶申請成立一家新的證券經紀商，大部分員工都來自先前哥哥公司，前妻就是其中之一，還受重用擔任營業員，她約的延平北路地址就是這家公司所在地。

隔天我依約到公司，她拿了我的身分證和印章，很快就辦好過戶手續，沒跟她多聊匆忙離開公司，走約十餘公尺，聽到背後有一位女生喊我名字，轉頭一看，是她前老闆公司的同事，姓趙，先前我們還一起吃過幾次飯。

她找我幹嘛？不會想要約我吧？當下心裡一陣胡思亂想，趕緊跟她打招呼：「趙小姐，妳好，好久不見了。」

「是啊！最近好嗎？」我點點頭。

「想跟你說件事。」心裡又是一陣遐想，要向我表白嗎？

「你知道馮秋蘭的事嗎？」

「馮秋蘭什麼事？我不知道，她今天要我來結淸帳戶。」

「因爲她要離職了。」趙小姐說。我問：

「要去別的公司嗎？」她說不是。

「不是？那她幹嘛要辭？」其實我不在意她的去向，問這些只是當下的隨口應答。

「不是她自動要走，是公司要她辭職。」被公司辭退？這顯然有文章。

趙小姐特地帶我到旁邊巷內一個比較穩密的角落，快速的跟我敍述了她的一些八卦。原來前妻在這家公司擔任營業員時，因緣際會遇到一位大戶，請她接單買賣股票。

在還沒有網路電子化的時期，客戶要在證券市場交易，一定要透過營業員，不是直接臨櫃遞交單子就是打電話。營業員對客戶的掌握都十分清楚，包括其口袋深淺，做空做多的習慣等等，均瞭若指掌。

有些土財主，財力雄厚，但本身不太熟悉市場操作，連股票名稱，塡寫單子都有困難，此時營業員就是最佳的諮詢對象，譬如哪些股票可以買賣，什麼時機進出，只要博得信任，甚至會將銀行帳簿，直接交給營業員保管，好方便下單買賣。

聽趙小姐說，有一位大稻埕在地人，先人在迪化街做南北貨致富，傳到他時除了公司行號外，更繼承大筆土地房產，可這位姓陳的金主，做本行生意駕輕就熟，但買賣股票則是個道地的門外漢。但是因爲民國七〇年代的股票熱這股風潮已蔓延全國上下各個階層，尤其是生意人，大都手握大把鈔票，如果你沒跟人炒股，恐會有失身分。這就像現在的年輕上班族群，很多都拿小錢買零股來存股，成爲一種小資族的投資趨勢一樣風行。

也不知道前妻有什麼獨到的手腕或關係，反正這位姓陳的當地財主，就這樣把銀行存簿寄放在前妻手上，聽說存簿金額超過十億，至於他們進出買賣等交易細節，我也是門外漢，聽聽就忘了，但其中最重要的情節，可一點不複雜，所以現在還牢牢記得。

前妻了解這位金主幾乎不要求查看帳簿，買賣股票全由她一手包辦，當時沒有電腦查詢餘額這玩意，這位先生又十分信任前妻，這就給了她一個極大的操作空間。

天下事本來就紙包不住火，正應了「欲要人不知，除非己莫為」的鐵律，不管前妻如何掩蓋，終究有被發現的一天，更何況她本就是一個膽大心不細的人，說不穿幫也難。

前文曾提過，她的膽子好比豹子膽，有種天不怕地不怕的野性，應該是做得太過火，把別人的十幾億當作自己的十幾萬在玩，難免引起周遭同事的眼紅。

證券公司營業員和客戶之間的往來，雖然是個別進行，公司其他職員理當不能也不會知曉，然因為大家都熟悉作業流程，而且座位比鄰而坐，其實是很容易了解彼此之間大致的進出動態概況，所謂「雞蛋再密也有縫」，就算瞞的了天可也瞞不了人。

趙小姐說前妻是「借錢」炒股失利，虧空了這位大財主的鉅額錢財。終究有人看不下去，為這位客戶叫屈，一通電話打給陳先生密報，就算他不在乎錢財的損失，但要是知道被那麼信任的人欺瞞，心裡肯定有種被出賣的鬱悶感，任人都無法接受，所以就跑到公司要求查閱帳簿，才發現前妻挪用他戶頭內的錢買賣股票已經有很長一段時間。

這件事不只是職業倫理的道德瑕疵，還涉及詐欺、侵占及偽造文書等法律問題，情節不可謂不重。厲害的是，前妻竟能安然過關，獲得當事人的諒解，據趙小姐說，陳老闆發現上情之後，還安慰前妻不要擔心，他不會追究，甚至連虧損的錢都沒要求補回。這位大戶到底前輩子欠了前妻多少，或是對她做了什麼傷天害理的事，竟然就這樣輕鬆放過，這可是我們這些凡夫俗子所難以理解的事。

由於客戶不予追究，等同於認定其帳戶的進出交易都是在他授權之下爲之，也就不存在法律責任。但是，公司當然不能容許前妻繼續再任職下去，否則老闆如何領導員工依循法規，讓業務獲得客戶信任？最終是透過道德勸說，讓她自己提出辭呈，離開公司。

回想起來，還記得她去永和算命時，命理師寫的那一段預言：「52—54，有凶險，多轉折，終能逢凶化吉」。其後，我曾有幾次想去找這位老師批八字，可惜當下不以爲意，只記得這位神算住在永和一個夜市裡面，並未留存電話地址等資訊，至今仍求之無門。

牽扯半生的句點

看了前面的故事，或許有人會認爲說事的是我，自然會站在自己的立場，選擇對有利的部分陳述，隱藏個人的缺點，誇大對方的不是，好爲這段失控婚姻脫罪找藉口。

不錯，任何一件事情的成功與失敗，可能交織著複雜因素，少有單方問題。我的個性其實不算很好，容易激動，講話很衝，口氣超差，十分好辯，要求嚴苛等等，這些要命的缺點，不勝枚舉，當然構不成好丈夫的要件，甚或被歸類爲婚姻殺手。

不過，大部分問題婚姻中，其實很難以二分法去評斷個別的是非曲直，只有身在其中的當事人，才最能了然於心，點滴在心頭的感受。

在離婚十餘年來，前妻總會在無預期的情況下，打個電話問候一番。從單純問安，希望重圓，結算贍養費，請求協助，到介紹醫生，什麼花招都有，到後來，不論她說什麼，我都不覺得意外。

然而，讓我意外的事還是發生了。

她在幫我推薦中醫師之後，就像失蹤般，相隔好一陣子沒再有她的訊息。有一天，電話終究又來了，接到電話不意外，意外的是她說的內容。

每次打電話來，大都是她在講話，我只被動回應，而且通話都很簡短，就匆匆掛上。可那次來電，我卻不敢隨便掛電話，迫切想要弄清楚到底是什麼狀況。

電話一拿起來，就聽到她說：

「我要鄭重跟你道歉。」什麼，她要跟我道歉，這太不可思議了，我以爲聽錯，得確認一下，問：

「你要跟我道歉？」

「是啊，這些年來我對你說的話，做的事，眞的很對不起你。」都說到這份上了，我還能說什麼，趕緊回說：

「沒關係啦，都過去那麼久了。」

她問：「你不會恨我吧？」

「不會啦，妳也知道我什麼事都不記上心。」我這人不會把的事放在心上，一旦過去，就都算了，不去記仇。

「就是因爲這樣，我才覺得很抱歉。」

她對於自己的所作所爲，顯然心知肚明，只是個性是與生俱來，殊難改變。她天生行事衝動，欠缺深思熟慮，譬如投資理財，對她而言就是一個罩門，才會到頭來落得個兩袖清風，可她從不認錯，或是心裡知道錯但說不出口。

從心理學的角度，一個行事後悔卻不承認錯誤的人，他們可能害怕承認錯誤會帶來負面的後果，承受他人的責備或批評，或者面臨自我否定的情緒。因此，選擇否認或忽視自己的錯誤，以保護自己的自尊心和心理安全感。

或是，他們也可能陷入自我欺騙的思維模式，找到各種理由或解釋來合理化自己的行爲，以使其看起來似乎是合理的或合乎情理的。這種心理機制可以幫助他們保持自己的信念和立場，並避免面對現實。

還有，這些人可能害怕面對衝動行爲可能造成的損失或衝突，而不知道如何處理這些後果，或者害怕後果會對他們的生活造成長期的負面影響。因此，只好選擇否認或逃避錯誤，以避免面對這些不確定的後果。

總的來說，很多這樣重蹈覆轍的心理狀態，可能源於自我保護、自尊心和恐懼等因素的交織。我認爲前妻主要是她控制不了自己的情緒，事後又礙於面子，拉不下臉來表達自己的歉意。

令人困惑不解的是，若是她的心性有很大一個層面是受制於尊嚴包裝的自我保護機制，在事過境遷數十載，若是沒有任何觸媒事因的誘發，怎麼會出現這麼大的轉折，突然打電話跟我說道歉？

我絞盡腦汁，努力試圖照出合理的解釋，但總覺得設想的理由都不夠充分，或者不符合她的人格特質。

例如：她可能經歷了一些重大事件或生活轉折，受到他人的批評和處遇，這些因素可能引發心理的轉變，反思到自己的行爲對我造成了傷害，而觸動了她的良心和同理心，促使他改變態度並道歉。

或是，過去的作爲，對她而言，一直以來都有一種內在的不安和壓力，爲了尋求內心的平靜和和諧，而決定正視自己的錯誤，以道歉釋放內心的負擔並建立寧靜的思緒。

這是我模擬心理諮商師的語氣和說詞，頗有學理立論的基調。但另方面，從我自己的邏輯理性思考，依她的個性，出非受到極度刺激的影響，否則會讓她轉變心性的可能性不大。

若說她內心一直都對我有所虧欠，這倒是有可能，但至於需要到在離婚近二十年才有所覺悟，願意啟齒致歉？究竟她內心受到多大的衝擊，才會作出這樣鉅大的改變，著實不解。

更讓我費猜疑的是，自從那一次電話致歉之後，就再也沒接到她的任何訊息，屈指一算，迄今又過了十餘年，完全音訊渺茫，怎不令人產生諸多聯想，更想去拆解她爲什麼會突然打那通電話？爲什麼道歉後就不再來電？難不成是在作最終的懺悔，最後的道別？

這件事讓我想起在跑船時，因爲船上空間狹小，又必須長時間見面相處，船員間難免會產生嫌隙甚而衝突。我自己就有過這樣的狀況，因爲一些誤解，跟一位同事幾乎不再互動，每每遇到時彼此都頗顯尷尬。

等到對方合約期滿準備離船時，心裡突然完全卸下對立的那道藩籬，在下船前一天晚上的送別餐會中，雙方就都很自然的把酒言歡，暢意敍情，對於原以爲必然而無解的敵意，剎時間煙消雲散，眞可謂是一別泯恩仇。

人類的心裡總是充滿矛盾，大多數人都不懂得珍惜所擁有的，直到可能失去時，才會意識到過去的堅持都是多餘的，不值得糾結。在日常生活中，我們常常爲了一些小事或者彼此之間的摩擦而產生恩怨情仇。然而，當我們即將與對方分離時，才會意識到這些情緒與紛爭根本毫無必要，而只是一場荒唐鬧劇。

依循這個邏輯，前妻打電話跟我致歉的舉動就非比尋常，是否意識到可能面臨別離的情況，而觸發過去對我所爲的反思？

若是這樣，這通電話是否是在暗示我們將不會再有糾結？但願我的推論是個人想像，而非眞實。

我接受了她的道歉，但到此爲止，我還沒有機會表達一下我的歉意，希望有一天，妳再來電話或登門拜訪時，我可以當面跟妳說聲：「對不起，沒讓妳過上好日子。」

希望我們都能放下，好好面對未來美好的餘生。

第五章　緣起緣滅

到了之後，感覺她心情特別好，看到我笑得很開心，然後一如往常，我們就坐在書桌上用紙筆聊起天來。雖然她心情不錯，但寫的內容卻不尋常，有點像是在道別：

「很感謝這幾年你的陪伴。」

「我對你的感情是真心的。」

「下輩子我們再相聚好嗎？」

我很快寫下：「好啊，一定會。」

「就這樣約定喔！」

下輩子再相聚

還記得前面提到的羅小姐嗎？就是那位看我生活費拮据而幫我帶便當的同事。因爲便當之情，我們成爲好朋友，但也僅止於中午用餐時間有空閒聊一下。

離婚不久之後，服務單位舉辦三天兩夜的自強活動，我和羅小姐都有參加，就在這段時間拉近了雙方之間的距離，原本純粹同事之誼而有了些微的變化。

回到臺北後，除了在午休見面，假日時也會相約出去，就這樣慢慢發展成爲比較親密的朋友關係，那已經是離婚一年多以後的事了。

我們穩定交往約半年後，在過年前的某一天，她跟我說最近感覺鼻子怪怪的有點不舒服，而且右邊脖子有一個約半個乒乓球大的突出狀。我勸她趁年節前去看醫生，她就到住家附近的耳鼻喉科診所就診。

看診醫生是一位從某大醫院出來開業的年輕醫師，經初步觀察後，跟她說診所的設備有限，建議到大醫院做進一步的檢查，並介紹去找他的老師，說是國內有名的耳鼻喉科權威主治醫師。

過完年後，羅小姐趕緊去到這家大醫院掛號看診，這位名醫幫她做了穿刺進行病理切片，一週後去看報告，醫生告知檢驗結果沒有發現異常狀況，要她放心。

可是我很懷疑，這個突然冒出來的腫塊究竟是怎麼回事，要她再諮詢一下醫師，羅小姐就再去掛號看診，醫生有點不耐煩地回說，病理檢驗錯不了，腫塊應該是體內發炎所引起，所以就另開了一些更強效的消炎藥，她也只能照醫囑按時吃藥，對於鼻子異樣及脖子腫脹，就當作是自己過度焦慮問題。

就這樣過了約莫半年，羅小姐身體日漸感到不適，鼻子開始散發些異味，且不時擤出血絲，體能也明顯下滑，整天疲勞無力，尤其腫塊愈來愈大，不免感到恐慌害怕。我建議她換家醫院再去看看，後來有朋友推薦另外一家大型的教學醫院，也是一位耳鼻喉科主任級名醫。

醫生經過問診觀察後，同樣穿刺取出組織送驗，報告竟一模一樣的良性反應，這就奇了怪了，病人病兆症狀明顯，可醫生相信的是科學的病理檢測證據，在此情形下，病人的病識感，醫生大都將之合理化爲個人心理因素的影響。

這就是目前社會存在的醫病關係盲點，從醫生的認知，病人在意自己的健康問題，身體若有所不適，心裡必然十分焦躁不安，很容易放大病症的嚴重性。但對醫生而言，他們必須從醫學病理角度審視，只有符合專業的診斷才是客觀的病症結果。然而，醫生再怎麼講求科學，最終還是取決於其個人經驗的判讀，其間所可能產生的認知偏誤，也就在所難免。

經過兩位權威專科醫師的病理檢驗，結果都斷定爲良性腫塊，也都未給予積極治療，羅小姐及其家人，雖然高度存疑但也無可奈何，有點無所適從之感。

就這樣過了兩、三個月，病症更爲明顯，不得不再去看醫生，於是又去掛了這家教學醫院的權威主任，醫生此時也開始覺得不尋常，就建議做個小手術，翻轉脖子腫塊，取出靠身體內側的深層組織進行化驗，切片結果，發現已經是鼻咽癌三期，這對羅小姐而言，簡直是晴天霹靂，那年她才三十四歲。

歷經將近一年的時間，找了兩家大型醫院的名醫診斷，沒想到竟會是這樣的結局，實在令人沮喪，除了心中的極度懊惱，有的是更多的疑問。如果第一位醫生就做出正確的診斷，會這麼嚴重嗎？如果第一位醫生沒有檢驗出來，第二位醫生一開始就發現，還會是第三期嗎？如果及早另外找第三位醫師看診，結果又會是如何呢？

可是縱有再多的如果，一切都於事無補，事到如今，也只能面對現實積極治療，這眞是極端諷刺，這件事醫生顯有判斷錯誤之處，但當被確定診斷出爲鼻咽癌第三期，病人幾乎沒有選擇的餘地，還是只能相信醫生，配合他們建議的治療方式與進程。病人的弱勢，於此充分顯現。

醫生告知這個病症的常規療程，必須先動手術切除腫瘤，然後再進行放射性治療，之後再視情況調整後續醫療方式。

看似一切都已在醫師的安排下，積極進行癌症治療程序，其實不然。正當病人找到病因，且依醫生囑咐，卽將進入相關療程時，竟迸出一個意想不到，且令人難以置信的非醫療問題，讓羅小姐愈感身心俱疲，怨嘆命運的作弄，何其現實與殘忍！

原來當羅小姐住進病房，做了一些基本檢查後，醫院並未告知確切的手術時間，僅交代等候醫生指示，在等待過程中，只有住院醫師查房過，並未見到主治醫生前來，家屬當然心急，一直詢問護理人員何時要動刀，得到的答案都一樣，就是等候通知。

過了兩天，護理長來到病房，家屬再度問起爲何沒看到主治醫師及安排何時開刀時，護理長說醫師還沒交代下來，卻透露了一句語帶玄機的話：

「你們有去找過陳主任嗎？」陳主任就是那位知名的權威耳鼻喉科主治醫師。

家屬說：「醫生沒進病房，要去哪裡找他？」護理長笑笑，說：

「你們可以想想辦法。」說完，轉身就飄飄然走了。

又一天過去了，還是看不到主治醫師，也不知道去哪裡找他，正在揣摩護理長說的話究竟是何意時，此時有一位帶著一個黑色大提袋的中年男子來到病房，先自我介紹說是姓黎，在推銷術後營養品，隨後眼睛飄過羅小姐的床頭卡後說：

「妳的主治醫師是陳○○喔？」停頓了一下接著說：

「陳醫師我認識，算是老朋友了。他的醫術很厲害，被開過的人都稱讚，妳有福氣才能找到他主刀，一定會很快痊癒的。」

「你認識陳醫師？」正在犯愁怎麼聯絡上陳醫師，這時候有人說跟他是老朋友，羅小姐的二姊趕緊追問。

「是啊，很熟，昨天還一起吃飯呢！」他刻意提高嗓音，像是在炫耀，也有提醒的意味。

「我們正想找他，我先跟你買一盒營養品，你方便幫我們跟陳醫師說一下，可不可以早一點安排手術？」

「你們要找他喔！」

二姊回說：「是啊，我們已經住進來三天了，都沒看到陳醫師，也不知到什麼時候要開刀。」

這位黎先生像是陷入思考，久久沒說什麼。

「可以的話，麻煩幫幫忙！營養品我們一定買。」二姊腦筋動得快，覺得遇上貴人。

「營養品買不買沒關係，倒是這個忙我在想能不能幫得上……。」黎先生欲言又止。

「那就拜託拜託！有什麼要求我們能做的一定答應。」二姊語氣十分懇切。

「看你們那麼急，我盡量想想辦法就是，等我把客人訂的營養品送完，再幫你們聯絡一下陳醫師好嗎？」說完就轉身要去送貨，走到病房門口，又回過頭來跟二姊小聲地說：

「不如這樣，妳方便的話，等下我忙完，我們約三點在醫院外的○○咖啡店見面，到時再商量要怎麼才能幫妳想個辦法。」說完不等二姊回話，就帶著那一個袋子匆匆離開病房。

下午，二姊早早就到約好的咖啡廳找個角落坐下，焦急的等候著，深怕對方爽約，終於看到黎先生走進來，二姊心情才稍微放鬆下來。點好飲料，二姊望著眼前這位陌生的男人，心頭緊緊揪在一起，五味雜陳，既期待盼著他幫忙，又擔心會不會遇上騙子。就只是妹妹生病住院，怎麼會搞到現在要跟這位大叔喝咖啡，那種感覺超無奈，但管不了那麼多，現實問題逼著只能走一步算一步，於是卑躬屈膝地笑著說：

「不好意思，麻煩您了，讓您專程再跑一趟。」

「沒事的，只要能幫上忙，多跑幾趟都沒關係。」黎先生很阿莎力的口吻，讓二姊寬心不少。

黎先生說：「我剛和陳醫師聯絡上，因爲他病人多，花好大功夫才說服他，考慮優先幫妳妹妹動刀。」

「謝謝！謝謝！。」二姊幾乎要跪下來感謝他。

「妳不用謝我，要感謝的是陳醫師。不過，他雖然答應優先安排，還是有優先的順序，我看你妹妹病情好像還蠻嚴重。」說到這，就停頓了一下。二姊趕緊說：

「是啊，她都被延誤了將近一年才診斷出來，現在已經是三期加了。」

「如果希望更優先，還有一個辦法，或許去送個禮，見面三分情嘛！」

「沒問題啊，但要怎麼送？」

黎先生壓低聲音，告訴二姊要如何如何做。

「我知道了，謝謝！謝謝！等事情處理好了，改天再跟你買補品。」二姊一聽有門路，心裡非常激動，自是一再感謝。此時，神秘的黎先生只是笑笑，點點頭，就起身離開了。

原來黎先生告訴二姊，要先準備好三十萬紅包，在特定的時間，到醫院某棟大樓某一樓層上下樓梯中間轉彎處的平臺，陳醫師會從上一層往下走，到了轉角處時直接把紅包拿給他，陳醫師很忙，不耽誤太多時間，你們只要跟他說病房床號患者姓名就可以，其他不用多說。二姊遵照囑咐，果然很順利的把紅包交給了陳醫師。

不到半小時，只見陳醫師帶著一張笑臉，快速的走進病房，非常親切關心的詢問羅小姐狀況，並安慰她要放寬心，他已安排好明天早上開第一刀。就這樣，羅小姐一年多來擔心受怕，受盡驚濤駭浪的折騰，總算看到了一道曙光。

手術很順利，在住院這幾天，黎先生就來探視了羅小姐兩次，二姊除了一再致謝外，當然毫無疑問的購買了將近五萬元的營養品。

羅小姐出院後，經過一個多月的調養，就開始做放射線治療，約莫治療一個月後，身體慢慢逐漸復原，便銷假上班。

羅小姐人緣很好，在機關中很受同事愛戴，長官也十分體恤，幫她調了個職，安排一個比較輕鬆的工作。那時我已經換到另外一個單位，有空就會去看她，就這樣過了兩年，感覺身心狀況都還不錯。

然而，好事總是多磨，正當一切生活步入正軌之際，羅小姐的身體似乎有了些不尋常的變化，本來經過化療後味覺咀嚼功能已受到影響，現在卻感到右耳聽力出現障礙、痰中及鼻涕常帶有血絲，頭頸之間疼痛感加劇，精神體力日感疲乏。經過回診檢查，很不幸發現癌細胞有復發轉移跡象，依陳醫師建議這次除了做放射線治療外，另合併做了四次化療，效果卻未如預期理想。

陳醫師建議再開一次刀，切除轉移的病變組織，於是羅小姐又住進了醫院，萬萬想不到，同樣的噩夢再度發生。住了兩天院，戲碼再度重演，一樣不見主治醫師探病，也沒確定手術時間。

不過這次二姊心理早已有所準備，馬上聯絡能通天的醫療掮客黎先生，他很快隨傳隨到，這次不用演了，直接在病房喬事，且基於三方信任原則下，二姊依建議把八萬元紅包交給黎先生由他轉送，果然，任督二脈一通，效果來得既快且速，羅小姐就這樣順利動了第二次手術。

術後，雖然狀況一度穩定，但維持不到半年，病情再次惡化，這次陳醫師大概也不好意思對一位病入膏肓的末期病人榨取太多不義之財，便建議家屬讓她住進安寧病房，但羅小姐堅持不肯，寧願住在家裡自主醫療，於是醫生開了強效的止痛劑自行定時服用。醫生囑咐每四小時吃一顆，過了一、兩週後，改成三個半小時吃一顆，接著是三個小時一顆，後來是兩個小時吃兩顆才能止痛。

我差不多每星期會去她家探視二次，親眼看著她的病情起伏。也看著她在面臨病魔的時候，顯現出既脆弱又韌性的特質。這時羅小姐已經無法言語，聽力受損，但思緒清楚，可以用書寫文字溝通。

她心情好的時候，就顯得很有活下去的毅力，但心情低落時，會很沮喪地直說希望趕快走。我從不安慰她，講一些諸如：「好好放心養病，妳會好起來」等話，只順著她說的話接，譬如她說活得很痛苦，我會寫：「你的心情我能理解」，如果她說今天沒那麼不舒服，我就說：「太好了，我可以跟妳多聊聊」等等。

大約在第二次手術後三個月不到，有一天二姊打電話給我，急促地說：

「郁之想見你，你今天有空過來一趟。」

我說：「好，我下午過去。」

我平常都固定在下午去看她，等把辦公室的事情處理好並交代清楚，通常都在下午三點半至四點之間。那天下午三點不到，二姊又打電話來，問我怎麼還沒到，我感受到情況不太尋常，趕緊坐計程車趕去她家。

到了之後，感覺她心情特別好，看到我笑得很開心，然後一如往常，我們就坐在書桌上用紙筆聊起天來。雖然她心情不錯，但寫的內容有點像是在道別，她寫說：

「這兩天我想通了，沒有什麼好執著的。」

我就寫下：「沒錯，所有的事情都是過眼雲煙。」

「是啊，這一生有你和二姊的陪伴，覺得很值得。」

「還有你爸爸，小哥他們。」

她媽媽在她讀高中的時候因爲乳癌過世，她還有一位大哥，很早就出外打拼，因年齡相差甚大，從小就不是很親，所以我跟他不熟。小哥就不一樣，兩人相差兩歲，之前常常會開車帶我們出去玩，她生病期間，進出醫院大都是他在接送。

最照顧她的是二姊，她嫁給我們機關的一位科長，姓金，人很好，聽說是滿人，祖先曾經是清朝皇室貴族。羅小姐在考上公職後，就是經由二姊夫引薦到單位上班，我才有機會認識她。

我去看她，一般都停留半個小時左右，因爲她需要定時吃藥休息，不宜久坐。那天聊到最後，她寫下了幾句話：

「很感謝這幾年你的陪伴」

「我對你的感情是眞心的」

「下輩子我們再相聚好嗎」

我很快就寫：「好啊，一定會。」

「就這樣約定喔！」

對談到此，她很高興地說：「好好」跟平常不一樣，她這次是用說而不是寫的。其實她喉嚨可以發聲，只是舌頭受到電療、化療的影響，無法講得很清楚，加上聽力不佳，才都用書寫方式方便表達。

「好好」這是我最後聽到的她的聲音。

隔天一大早，我接到二姊的來電：「郁之走了。」羅小姐在睡夢中仙逝。

二姊說，昨晚睡覺前，羅小姐特別交代，晚上不用去看她，平常二姊都會在晚上去幫她餵藥。

她知道，是時候，也該解脫了，沒有留下遺憾。

三年後，我在另一個機關上班，因爲業務需要，租用陽明山中山樓召開大會，我擔任科長，必須早上七點半以前到達辦公室，處理一些會前準備的工作，爲避免遲到，我都設定六點的鬧鐘。

有一天，睡夢中，夢到羅小姐穿一套她很喜歡的粉紅色帶白點套裝，臉帶微笑，露出很熟悉的酒窩，看起來氣色精神都很好，一點病容也沒有，輕聲柔和的對我說：

「起床了，起床了，要遲到了。」連兩聲起床了，感覺得出語氣十分迫切緊張。

我立刻驚醒，瞄了一下鬧鐘，才五點四十分，因爲前一天工作很累，又很晚回來，眼看還有二十分鐘才到六點，立卽又倒頭睡去。不一會，好像被人推了一把醒過來，再看鬧鐘，蛤！還是五點四十，這才驚覺應該是鬧鐘壞了，趕快跳起來到客廳看掛鐘，果然，已經是六點二十幾分了。原來，羅小姐還隨時在我身邊，遇有問題，馬上提醒我。

這是我有生以來，做過的最眞實也唯一靈驗的夢，但很遺憾在這之後就沒再夢過她。可能因爲沒有關鍵緊急的大事需要勞駕到她。

後來經由一位通靈人士的轉述，這才又有她的訊息。就在幾年前，有一次在一個應酬餐會中，一個大圓桌，賓客十五、六位，很多人我都不認識。那時坐在我旁邊有一位是不曾謀面的熟女，姓梅，在閒聊中，她小聲的跟我說她有靈異體質，看到我身後有一位漂亮小姐，穿著粉紅色套裝，左臉頰有個很可愛的酒窩，這一說我就知道是她，趕緊問是不是有事情要轉告，她說那位小姐交代要我喝酒不要那麼衝。

我平常一個人不喝酒，一旦和老朋友聚餐，經不起吆喝就會拚命尬酒，常常一路喝到掛。自從那一次姓梅的通靈人轉達羅小姐叮嚀後，我就盡量克制不多喝，直到現在都很少再醉過。

梅小姐還問我，我睡覺時是不是都側睡而且把腳弓起起來往上提，我十分驚訝，她怎麼知道我睡覺的習慣，她說是這位有酒窩的小姐形容的，並告誡我這樣睡不好。

難不成我睡覺她都在旁邊？

再過數年後，我曾經交往一位女生，後來因為某些因素無法繼續在一起，她就說：「我們下輩子再相聚好嗎？」我趕緊回說：

「不行，下輩子我和人有約了。」

倒不是因為她一直都在，怕她找我算帳才這麼講，而是我自己覺得對羅小姐的承諾應該要遵守，對其他的人，當然就只能說抱歉。

科長我帶你去算命

在歷經前妻的波折和羅小姐的遺憾後，開始在感情上採取謹慎的態度。除了對婚姻不抱期待外，既使有了交往對象，也不太敢投入太多情感，尤其當對方提及「你愛不愛我」、「我會永遠愛你」等虛空諾言時，就會像刺蝟般築起一道高牆，產生排斥及防衛心態，以致在離婚四十年來，迄今仍孑然一身。

但這不代表我排斥交朋友，恰恰相反，離婚後，有很多長輩或朋友同事好意幫我介紹，我都欣然赴約，偶而也會參加坊間舉辦的交友聯誼，也曾經和好幾位女生交往過，只是大都無疾而終，短暫收場，遑論修成正果。現在想來，我似乎錯過了蠻多好的姻緣，有些事例尚記憶猶新。

在任公職期間，有一年暑假來了一位讀法律系的許姓同學，來應徵短期的速記員工作。在開會繁忙之餘，有空常會跟她閒聊，她學過紫薇斗數，平常我對命理就很有興趣，所以常藉口請教她，不過也僅止於此，會議一結束，借調的臨時人員就各自離職歸建。

有一天，我在上班時，接到許同學的電話，很開朗的聲音：

「中和有一位很厲害的紫薇斗數老師，我想帶你去算一下。」很意外她打電話來，更訝異會想帶我去算命。雖然想去，但擔心有個小女生在旁邊，萬一洩了天機，可就不妙，所以有點猶疑，就跟她說：

「謝謝！妳把地址給我，我自己再找時間去。」

「我要跟你去聽，順便幫你做筆記。」她爽快大方地直說。

我只要一聽到哪裡算命準，就產生致命的吸引力，非得去算算不可。聽她這麼一說，難得有人要幫我做筆記，何樂而不爲。

「好吧！」於是，我們約好時間，去找她口中那位厲害的紫薇斗數老師。

老師算得準不準，我現在已經不復記憶，但這位許小姐在旁邊幫我記重點的認真態度，倒是印象深刻。

從那次後，我們就經常聯絡約會，天南地北無所不聊，相處得很愉快。有一陣子固定晚上十點講電話一小時，因爲那時候沒有其他通訊方式，她還跟家人約定這時段不准別人用電話。

她讀的是法律，我在調查局受訓時，曾經接觸到法律課程，對法理邏輯有一些基本概念，對於同一事件，法學家總能引伸出複雜迥異的甲說、乙說、丙說等論理依據，頗爲吸引我去思考。

我們見面時，除了命理，最多聊的就是法律問題，她會把在課堂上所學的案例拿來和我討論，辯論這些甲、乙、丙說的內容，還經常提出丁、戊等說，頗有語不驚人死不休的氣勢。所以她曾說，如果我學法律，一定是很厲害的法律人，就是會辯。

我們就這樣談天說法，下棋論命，快樂的消磨時日，每次我們約出來見面時，我會問她：「今天要去哪？」其實我是明知故問，因爲喜歡聽她的回答：「都可以，只要跟你出去，上哪都好玩。」

然而，世事沒有不變的道理，人生唯一不變的就是變。雖然我們在一起相處得很融洽，當下沒去想過未來的情況會是如何，甚至期待可以一直這樣過下去，但是，無常的「改變」已悄悄降臨。等意識到生變時，情勢就已經難以掌控了。

我服務的機關有一位李姓科長，她有先生，生了兩個小孩，原本就是一般同事之間的互動，僅止於公文的會簽協調，或是開會的討論溝通，彼此並沒有特別有所接觸。

有一天早上，我進到辦公室，看到辦公桌上放著一份漢堡早餐，正在納悶時，電話響了，是這位科長，只說一句話：「我剛去速食店吃早餐，順便帶一份給你。」還來不及說謝謝，電話就掛了。

我因爲一個人生活，日子過得很隨性，早餐都是到辦公室後才去福利社點碗泡麵加個蛋，吃起來就有著無比的幸福感。

吃泡麵是以前在跑船時養成的習慣，在船上，天天看到的都是遼闊無邊的茫茫大海，可活動空間就只在那小小的船艙內，一天二十四小時，哪也不能去，尤其若往西航行，通常每三天就要把時鐘撥慢一小時，也就是會有一天是二十五個小時，單調無趣的日子，越顯漫長。

在這樣的生活環境裡，大部分船員都會在下更（值夜班下班）後，到廚房煮碗生力麵（最早在市面上販售泡麵的產品名稱，生力麵就成爲當時泡麵的代名詞），有些船員一次泡兩包，一天恐要吃上三、五碗，也沒人在意是否會傷肝、傷腎，我就是其中之一。

從那次後，只要是上班期間，我的辦公桌上幾乎每天都會有一份麥當勞早餐，我跟她說不要再買，當然是因爲沒來由經常吃人家的不好意思，另方面其實是我已經吃到怕了。

後來，不只早餐，每三、五天就會有一大袋水果放在辦公桌下，之後甚至連西裝褲、襯衫都是一件件買。不是我不拒絕，只是講了沒用，東西照樣送來，而且都是趁我還沒進辦公室就放著的。

這位科長對我如此特殊，雖然她什麼都沒說，但相信任何人都看得出來她的心意。這樣過了好幾個月，有一天，許同學上完課後來辦公室等我下班，科長剛好從門口經過看到她，幾分鐘後，科長打電話怪我怎麼可以上班時讓外人進來辦公室，我說她不是外人，是以前同事。雖然科長的責問沒有道理，但突然警覺，我會不會又要陷入感情的漩渦？

於是，心裡有了定數，慢慢不再花那麼多的時間和許同學見面，也逐漸縮短晚上講電話的時間，科長這邊，則一直都冷處理，她要送東西就送，我則是維持一貫態度，從不跟她多哈啦，就怕有所牽扯。

後來，許同學去補習班補習準備考公職，我們見面的時間自然變少，但她似乎發覺我有意疏離，有一天突然約我在下課見面，平常她補習後會直接回家，這次要在這個時間見我，必然有事。

果然，見面後，她直接就問：「你是不是想跟我分手？」

我說：「沒有啦！」

她是法律人，哪能輕易相信，說：「不要騙我，我感覺得出來。」

「妳想太多了。」

「是這樣嗎？」不是這樣，我也要這樣說啊！

接下來，可嚇了我一身冷汗了，她大方直接地說：

「我現在忙著補習，我們比較沒時間在一起，但也不知道我什麼時候能考上，不如這樣，我們先訂下來好嗎？」

「訂下來什麼？」我當然知道她的意思，但裝不懂。

「我們可以先訂婚，等我考上再結婚。」

她不但人長得漂亮可愛，十分聰明慧黠，還頗有文藝氣息，經常投稿副刊雜誌，而且精通命理，是一個具有深度智慧與清新氣質的文青，與時下流行的憂愁空泛之文青截然不同。尤其她的個性坦誠率直，乾脆直爽，做事不拖泥帶水，絕對是大部分男生夢寐以求的理想對象。像這樣的女生，主動要求跟你訂婚，你會說不嗎？

我沒說不，但也沒說要，回說：「我看這樣好了，你現在先專心讀書，等考上了，我們再作決定？」那年，我四十三歲，她二十五歲，當時我心想，就算現在答應，未來還是會變，不是我變，就是她變。

她是聰明人，知道我的意思，所以也就沒再說什麼，但從她的表情，難掩其落寞與傷心。之後，我們便很少見面，僅偶而電話問候一下，有一次，她在電話跟我說：

「我現在已經釋懷了，因爲爸爸跟我說，妳又不是沒甩過別人，現在被別人甩，不是很正常嗎。」哇！難怪她這麼靈慧聰明，原來是有個明理的老爸。

就這樣，我們靠時間療癒，慢慢自然分了。

她應該充分體會到老爸的開釋，因此化失戀爲力量，後來順利考上律師，現在已經自己開業創立律師事務所，並且常受邀上各媒體與廣播節目暢談法律問題，同時著書立論，撰寫多本專書，成就非凡。我當時要她以前途爲重，如今回首，至少不留遺憾。

至於那位科長，我也曾經有過短暫的迷惑，但很快就清醒了。後來聽說她也已離婚，不過，官運卻是十分亨通，眞的很爲她高興。

只談戀愛不談感情

結束和許同學的關係後，有好長一段時間都是形單影隻過日，有一天在咖啡廳吃早餐看報紙，打算過個慢活的週末，因爲太悠閒，報紙翻到連分類廣告都逐字閱覽，赫然發現婚友欄上有徵婚訊息，腦中靈光一閃，不如也來試試徵個友。於是，跑到重慶南路書報攤去填寫分類廣告單。

現在的年輕人大概都不知道臺北的書報攤文化，早期在臺北市區，熱鬧街道的騎樓，常看得到有些廊柱環繞柱子周圍掛滿商品，並搭上木板構成一個地攤平臺，販賣報章雜誌，兼賣香菸、打火機、口香糖、飲料、紙巾等隨身日常用品，同時也代爲刊登廣告，更早以前也賣公車車票。

其後，網路興起，改變人們的閱讀與購書習慣，騎樓下的書報攤大都收掉，現在大概只剩在衡陽路、重慶南路還看得到有零星的幾個攤位，不過，販賣的東西已經轉型賣一些拖鞋、室內鞋、手巾、衣服、春聯、農民曆等。

當時報紙分類廣告是以行來計算費用，一行九個字。記得我寫了三行，大意是：「男，45 歲，身高 171，個性坦率，誠徵 40 歲以下女友 0900000000」，預繳三天費用。

第一天下午，就接到一位聲音清澈柔和的女生來電，雙方交換了一些基本資訊，就約定週末見面。

那時候週末上午還要上班，我們約下午兩點在世貿附近一家咖啡聽碰面。時間一到，一位皮膚雪白細緻，五官標緻秀麗，體態輕盈嬌小的妙齡女子出現在門口，我眼睛爲之一亮，有瞬間被電到的感覺。

我們一見面就相談甚歡，一路聊到傍晚，接著去吃飯，續攤到晚上九點多，臨別還迫不及待再約下次見面。

她姓顧，是某醫學院藥劑系的高材生，畢業後嫁給醫學系的學長，後來擔任骨科醫生，她則開了一家國高中補習班，自己兼任數學老師，很快就生育了一個女兒。

如此婚姻美滿、事業有成，可謂是人生勝利組的和樂家庭，竟遭天妒，婚後不久，發現先生罹患骨癌，說來眞是造物弄人，骨科醫師得了骨癌卻束手無策，甚且不信任臺灣的醫療水準，竟還遠道赴美尋求良醫，最終仍然不敵病魔，不到二年就撒手人寰。爲了生活，顧小姐把女兒安排到娘家讓媽媽撫養，她則留在臺北全心經營補習班。

我們發展得很快，感情直線升溫，卻在一個氣氛浪漫的夜晚，她對我說了句驚人之語：

「我們只談戀愛不談感情好媽?」只談戀愛不談感情?好深奧的愛情哲學。雖然難懂,我卻最能心領神會。

離婚後,從沒想過再定下來,先前羅小姐因爲交往沒多久就生病,所以沒有觸及進一步的婚姻關係問題。後來許同學因爲雙方年齡差距甚大,我斷然選擇離開,寧願孤獨做自己,以避免陷入感情的糾結。

遇到她,還來不及想明天的事,她就主動定位我們的關係,展現出超脫世俗的感情觀,可眞是一位不折不扣的性情中人。

還不止於此,在認識她之後不久的一個週末上午,我正輕鬆悠閒的在辦公室等下班,舉凡上半族絕對最能體會週末上午的感覺,期待下午放假的心情就是超級無敵鬆散慵懶。突然電話鈴響了,不會是哪個不識趣的長官要趕急件吧!正擔心著,電話那頭一個吳儂軟語般的輕柔聲音,劈頭一句話:

「我下午二點過去你那邊。」我才說「好」,她就掛電話了。

我們原本約星期天去陽明山玩,現在說下午要來,趕緊想著要怎樣安排這個周末午後。

她來了,一身輕快休閒服裝,手上還拎了個提袋,我就開玩笑問她:

「這身打扮，妳要遠行啊！」她爽快地說：

「我今天不回去了。」不回去？晚上要住哪？

「我們明天不是要去爬山嗎？今天到你家住，明天就不用趕時間了。」

是喔！原來她早我一步規劃好了，把要過夜的盥洗用品衣物全都打點妥當。

也就是在那天夜晚，她創造了「談戀愛不談感情」的經典語錄。

她的戀愛觀，正是我想要卻不好講出口的心裡話，於是，我們就沉浸在沒有壓力，沒有負擔，沒有利益糾葛的親密關係中，過著逍遙自在，快意生活，不談感情，只享受戀愛感覺的時光。

然而，世事唯一的不變就是變，又再一次獲得印證。

有一天，接到她電話，一樣爽快不拖泥帶水地說：

「我們下個月一起去泰國玩好嗎？」

「去泰國玩？我們不是不談感情嗎，幹嘛要去泰國？」我的認知，出國玩應該是那些陷入愛情陷阱，不知世事多變的情侶玩的遊戲，或是才剛結婚尚沉浸在小倆口你濃我濃的蜜月旅程才會做的事。

「這樣喔，那好吧！再見。」原本熱情愉快的聲音，瞬間變得冰冷如霜，卻是一樣的乾脆俐落，不再多說，掛電話了。

我一句快人快語的無心話肯定惹禍了，但也不想去多作解釋或道歉。不再陷入感情的紛紛擾擾，是我離婚後的感情觀，好不容易遇到一位想法與我這麼契合的女生，可說是上蒼眷念與我，這個時候卻可能因爲自己的一句話，而打亂兩人的關係，心裡不免有點自責，但還是靜觀其變，順其自然，就是不想再爲了男女情愛牽扯糾葛，如果因爲這樣造成戀愛都談不成，那也是命吧！

幾天後，又是一個週末，她來電了，聲音依然輕清柔美，口氣還是大方爽朗，說要來我住處過夜，見面後一樣濃情密意，愉快互動，像似船過水無痕般沒發生過任何事一樣。但這只是表象，潛在的變數在她內心正逐漸發酵。

約莫一個月後，她打電話跟我說：

「最近我認識一位在外商公司當經理的男生，他一直要約我出去。」

我說：「出去了嗎？」

她回：「你覺得我要不要跟他出去？」

「看妳囉！妳想跟他出去就去啊！」

「喔！」

過了一陣子，她又來電：

「我跟那位外商經理見了幾次面，我覺得他人很好耶！」

「是嗎？那很好啊！」誰都知道這是在試探我的態度，誰也都知道我的回應肯定對她又是一個重擊。

數個月後，她約我見面，這次沒去我家過夜，約在我們第一次見面的咖啡廳，她說得一派輕鬆，但我感覺是在強顏歡笑：

「我跟你說，好好笑呵，那位經理竟然說要跟我結婚。」

我說：「妳答應了嗎？」

「我怎麼可能答應，你覺得呢？」

我說：「如果妳想定下來，是可以考慮。」

從那次見面後，我們就沒再見過面，她也沒再打電話來。

一段原本以為堪稱滿城春色，超世脫俗，可歌可訴的戀愛詩篇，仍然不敵一懷愁緒，桃花落池，縱然山盟雖在，最終還是錦書難託，淒涼獨泣地落幕散場。

前一陣子，我有事開車經過她家附近，補習班還在，一樣的招牌名稱，只是對我而言，斯人已遠矣！

高齡學生超級媒婆

在取得碩士學位後隔年，指導教授就推薦我到他任教的學校暑期學士學位班兼任講師，而我授課的那一班，可不一般。

民國七十六年八月，教育部爲了提升國民小學師資水平，將全國九所師專改制爲師範學院，小學師資學歷提升至大學畢業，爲鼓勵原有師專畢業的老師同步提升教育程度，各師範學院均於暑假開設學士學位班，專門招收國小教師，經四個暑假之進修，可取得師範學院的學士學位。

我任教時，開設暑假學士班的政策才剛上路不久，所以報名進修的人非常踴躍，而且很多都是校長、主任等資深教師，平均年齡超過四十五歲，我那年三十八歲，年紀也不小，但跟這些「大」學生一比，就是小老弟，雖然第一次站在大學講堂上，跟這些和藹可親的大人們在一起，上起課來可也得心應手，輕鬆自在，沒有師生距離。

有一天上課，我準時到校，鐘聲一響，剛好走到五樓教室，準時是我的習慣。進到教室，發現空空如也，一個人也沒有，以爲弄錯時間，趕緊確認了一下，日期時間都沒錯，到底是怎麼回事，今天放假嗎？

正站在教室門口納悶時，突然看到同學從隔壁教室蜂擁而出，大家嘻嘻鬧鬧走過來，更讓我意外的事，擔任班長的國小校長，帶著一位女同學來到講台，還有兩位同學在後面捧著一個超大蛋糕進來。校長帶著大家起鬨，要那位女同學和我一起切蛋糕，搞得我一頭霧水。

現在是深秋初冬的時節，我的生日則在晚春入夏之時。

那是誰生日？是那位姓項的女同學嗎？可也沒必要設計這場驚奇大秀，還要我陪她吹蠟燭？事出必有因，腦中靈光一閃，心中已約略有數，因爲上星期我才告訴他們我離婚的事，既然如此，就一切配合演出。

果然是那位女同學生日，印象中好像是這一班中年齡最小的，雖說小，應該也有三字頭，但對這些大哥哥大姊姊看來，她就是個小妹妹。致上祝福的話後，有人遞上一張寫有姓名電話的字條給我，大家高喊「在一起，在一起」，一時之間，喧騰擾嚷，達到高峰，直到第一節課下課鈴響起，才意猶未盡的結束這場「促婚記」。

那一天上完課後，班長特別跑來跟我說那位同學很仰慕我，叮嚀我一定打電話給她，我笑著點點頭。

同學的盛情，怎能置之不理，何況那位項同學可是氣質端莊高雅，透出靈秀智慧，感覺頗具衆星拱月，很受同儕喜愛的類型。

於是，隔了幾天，我打電話給她，閒聊了一下，跟她說等學期結束，有機會再約見面。雖然那時候社會不太注意師生戀問題，我還是覺得不宜在尙處於師生關係的學期間約她出去，以避免瓜田李下之嫌。

那一學期，這一班先是扮演了絕佳的心理醫生角色，幫我度過了第一次站上講台授課的緊張詞窮等問題，激勵了我之後擔任大學教授的信心與興趣。他們還試圖扮演月下老人，極力爲我牽起紅線，眞是我的超級媒婆與貴人。

一個學期就這樣過了，在打完學期成績之後，不忘答應人家的事，找了時間聯絡項小姐，接著約見了二、三次，對她的背景有了大致的了解，她師專畢業就結婚，對象是戀愛三年的隔壁班同學。

結婚後很快就有了小孩，一家和樂融融，著實過了幾年甜蜜的家庭生活。沒多久，又懷了第二位寶寶，妊娠分娩時卻難產，醫生緊急剖腹，才順利生產。

正當婆家、娘家長輩們都沉浸在慶祝小生命誕生的喜悅時，她們的婚姻卻瞬間急速變化，小倆口並沒有因爲女兒的到來增進彼此的感情，促使家庭更爲和樂，反而是讓雙方關係變得極爲緊張。

這的確是一個令人疑惑的問題，她自己也是百思不解，總是莫名奇妙地，兩人動不動就會了哺育嬰兒等小細節發生口角，最後竟吵得不可開交，小娃出生不到半年，就辦離婚了。

這也太戲劇化了吧！傳統習俗有一句諺語：「娶某前、生囝後」，意思是說人在結婚前以及生小孩之後，運勢會特別的好，但對項小姐而言，這樣的好運可沒應驗在她身上，且是反其道而行，竟因爲生小孩被迫淨身出戶，年紀輕輕就以離婚收場。

或許她們的離婚和小孩無關，她也說不是因爲她女兒的關係，而是跟生產過程的剖腹有關。什麼？剖腹導致離婚？這是什麼道理！

不過她堅信就是剖腹的結果，因爲命定的事誰都無法改變，原來是有故事的，她說要決定離婚時，並沒有和家人討論過，直到至戶政事務所辦理登記完成手續後，才打了個電話給媽媽，母親雖然驚訝，但並沒有追問或責備之意，只是安慰女兒要堅強，不要影響到生活和工作。

離婚後第一次回到娘家，她媽媽跟她講了一件事，在她讀師專和同學談戀愛時，媽媽特地幫她去算八字，想了解這位男生是否就是女兒的命定之緣，那位命理老師說：

「他們有累世姻緣，一切順其自然，不必替她們擔心。」同時還說：

「妳女兒上輩子因故殺了他一刀，該還的還是要還，往後才會海闊天空。」

媽媽說，爲了不造成她的心理負擔，所以沒讓她知道算命的事，想不到老師居然這麼神準，一語中的，而果報竟是應驗在剖腹生產這一刀。

她說這樣也好，該還的已經還了，以後應該就會平順，尤其是感情方面的事。聽起來很豁達，她說是因爲在媽媽講述她的前世因果後，對於過去的不順與磨難，不再忿懟怨尤，釋懷積極地面對生活與工作，同時也期待在感情上能夠開花結果，迎來眞正的良緣。在看到我之後，就想應該主動把握機會，拜託班長促成，沒想到這位創意十足的校長班代這麼熱心，串聯全班同學扮演最大陣容的媒婆部隊，合謀這一場生日蛋糕秀。

說眞的，項小姐確實是位很不錯的對象，具備了進得了廚房，出得了廳堂的條件，但偏偏遇到的是我，既定的要命執見，反而擔心辜負人家而不想投入感情，不論項同學如何優秀，如何對我用心，最終還是很難發展下去。

印象中，第二次見面約在公館，她住在距公館不遠的萬隆站附近，吃完晚餐後，散步送她回去，到她住家樓下，我就打算轉身離去，這時她嬌羞小聲地說：

「上來喝杯咖啡再走？」

我說：「不喝了，怕晚上睡不著。」

「反正還早，要不吃點水果，坐一下再走也行。」她說。

我頓了一下，有點心動，不過，用不了五秒鐘調整思緒，就果斷地說：

「謝謝啦，我習慣早睡，先回去了，該天再約。」

看著她滿臉的失落與茫然，我頭也不回，堅定的轉身離去。

其後，我們還是有約見面，但也僅止於吃飯聊天。她確實很有心，也非常積極主動，但我依然故我，我們的關係，自然也就不了了之。

師生之間的秘密

在大學兼課了數年後，原服務的機關被裁撤，正好兼課學系有教師員額出缺，在系主任鼎力支持下，順利進到學校擔任專任副教授，開啟了我人生最後一項職業，那時候已年近五十歲。

五十幾歲，正值壯年，我自己感覺還很有活力，每天精神奕奕，熱情滿滿的投入教學與研究。和同學的互動也十分熱絡，很多同學會稱我「海哥」，我也樂於接受，一方面顯得年輕，另方面也能拉近師生之間的距離。

長久以來，師生之間的關係，永遠是教育主管當局與家長關切的議題，也是老師、學生最不易處理的禁忌。它是一門沒有教科書的學問，也是最難修的學分。

「師生戀」讓人充滿著浪漫的想像與憧憬，在民國初年，許多大師如魯迅、郁達夫、徐悲鴻等的師生情緣，喧騰一時，對於這些名人，經由文學電影等作品的渲染，大都趨於正面的角度歌頌之。在臺灣，已故知名劇場大師李國修的妻子，就是他在國立藝術學院的學生。

國際上，法國總統馬克宏，其夫人即是他的老師，顯然師生戀也能傳為佳話。但有些原本也是值得祝福師生，卻因爲其後感情生變，鬧上檯面而紛擾不斷，最終以悲劇收場者也不在少數。

臺灣在民國一一二年爆發「Me Too」性騷擾風波，社會大眾對利用權勢的性騷擾行爲，普遍無法接受而主張「零容忍」。政府遂在當年迅速修正性平三法，將原本依據性別平等教育法訂定之「校園性侵害或性騷擾事件防治準則」第七條明定：「教師於執行教學、指導、訓練、評鑑、管理、輔導或提供學生工作機會時，在與性或性別有關之人際互動上，不得發展有違專業倫理之關係。」這項條文，將之提升爲法律位階，直接納入性別平等教育法的規範條文中，進而加重所謂權勢或脅迫戀情的處罰，採取嚴厲的禁止措施。

官方要求教師要有專業倫理，如果戀情對象是自己的學生，應主動迴避，以免因「性徇私」，影響其他同學權益。對這種因社會事件促使修改法律，企圖平息輿論爭議的作法，我個人深不以爲然，畢竟用法律不但無法遏止師生戀的發生，反倒有可能造成另一種不對稱的糾紛。

其實社會上反對者也是大有人在，尤其是大學階段，大家都已成年，只要兩情相悅，男未婚女未嫁有什麼不可以？而教育部將師生戀置於有關性侵害與性騷擾的準則內，顯然嚴重混淆「兩情相悅」與「單方強迫」的企圖，係建立在對女性身分的母權保護主義上，反而剝奪了年輕女性的性自主。

師生戀是你情我願的自由戀愛？還是權力不對等的脅迫？這種人性的基本需求，已成爲全球性的難解課題，一般普遍認知歐美對性與性別多持更開放態度，但對於師生戀反而越趨謹慎，例如著名大學像是耶魯、哈佛、牛津等都明文禁止師生戀，但也引不少爭議。這樣的爭論，不但現在無解，未來也永遠不會有最佳的處理方式。

我在擔任教師時期，也遇到有同學對我好感，甚而進展到灰色地帶，除了前面那一班超級大媒婆的撮合外，其他的都是我和學生私下的默契和約定，至今沒人知曉。

❖ ❖ ❖

剛到學校專任不久，一個大一新生，可能對大學生活與學習都還充滿好奇與新鮮，有時一個人，偶爾也會帶另一位要好的同學跑到我研究室請教功課，或是詢問一些校園活動與生活等問題，我都熱心認眞詳細解說。

想像一個剛滿十八歲的清純小女生，剛進到大學殿堂，她們想做什麼？期待什麼？能達成什麼？想必滿腦子的問號，他們尋求協助的人，除了學長，就是老師，但師生之間，再怎麼說總是有點距離，除非很熟悉，或是眞有必要，否則一般對老師大都敬而遠之。

而這兩位同學，說起來也是有緣，在開學第一週的星期二下午，當天學校不排課，我回家順道去一家大賣場購物，逛著逛著，感覺後面有兩位女生在竊竊私語，約略聽到幾句：

「前面那位帥帥的男生好像是我們學校的老師。」

「我也覺得蠻面熟的，好像有在校園遇到過。」

「要不要問問看？」

「不要啦！萬一問錯人就糗了。」

我沒回頭，等走到拐角處，才稍微側身瞄了一下，看到兩位淸純可愛的小女生，我不認識，有可能是大一新生，要不就是其他系上的同學，當然也可能是他校同學認錯人。

等週四上大一第一堂課時，我環視全場，一眼就看到這兩位在百貨公司遇到的同學坐在一起，顯然她們比我還驚訝。等上完課後，她們快步走到我身旁跟我打招呼，說到那天在百貨公司遇到我的事，我笑笑說眞巧，沒說也看到她們，就快步走回研究室。

到了期中考結束後，兩位巧遇的同學聯袂到研究室，詢問考題的一些問題，我順便問了一下進大學有什麼感想，這是我跟她們第一次面對面聊天。

當時還沒有性別平等的相關立法，但也聽聞有大學師生間的一些糾紛，甚至鬧上法院，我又剛到學校，基於愛惜羽毛的心態，深怕不小心捲入不必要的爭議，只要有同學進研究室，我都會把門打開，不管是男生女生。

這兩位女生之後幾乎有空檔就到我研究室，其中一位姓王的同學常會單獨來，且逐漸頻繁起來，而聊的話題已很少是課業問題，她常會問一些我過去的生活經歷，以及社會上、政治上的大小事，感覺她很有求知慾，頗有大學生探索知識的精神。

但是，她來得太頻繁了，連隔壁研究室的老師都好奇問我這位同學怎麼有那麼多問題問我，我也開始覺得有必要修正這種慣性，就慢慢找藉口離開，縮短談話時間。

直到在聖誕節前夕的某一天，她的那位好朋友單獨來到研究室，正想問她今天王同學怎麼沒來，她就開門直說：

「是王同學要我來的，她要請老師喝咖啡。」

我笑一笑，趁著王同學不在場，比較容易把話說得明白些：

「幫我謝謝王同學的好意。」接著說：

「妳們這麼年輕，未來人生還很寬廣，將來踏入社會，必定會遇到很多不同的人，經歷過更多的事，到那時候眼界心性必然會有所不同，所以不要執著於現在的感覺。」

這位同學點點頭，我繼續說：

「這個時候最重要的是好好讀書，其他的事以後再說。」同學很快接話：

「老師說得對，我也是這樣覺得，回去會跟王同學說，謝謝老師！」

新鮮人欠缺的是容易被眼前的事務所迷惑，不太懂得正確解開每一個坎兒，只要有人點醒，打開那個結界，一切都會豁然開朗。

從那次後，她就沒再來我研究室過，後來聽說，她大學畢業考取了另一所大學的研究所繼續深造，相信她若回想那一段，應該會偷笑自己當年的青澀稚氣。

這是我初任專任教師遇到的一個插曲，很高興這樣的結果，對她和我來說，都上了一門難修的課，而且順利「歐趴」，這個學分修得值得。

❖———❖———❖

兩年後，有一位同學讓我印象更爲深刻，後來甚至發展到比師生關係還更緊密的程度，但這是在她畢業後的事。

話要從一個新學年開始說起，我開了一門「人際關係學」，這門課一聽就知道是選修學分，同學大都當作是營養學分。既然講人際關係，我在課堂上當然要盡量營造良好的氣氛，除了課程內容要活潑有趣外，還得讓他們輕鬆學習，所以一開始就宣布這門課不考試，只要同學上課認眞，期末繳交一份書面報告就能過關。同學當然高興，但他們認眞聽課，這門課的目的卽已達成。

期末了，同學都繳了報告，大部分內容只能說是差強人意，只有其中一位姓張同學的報告，讓我爲之驚艷，不但洋洋灑灑寫了七、八頁之多，尤其內容更是精闢，已然有研究生的水準。

我還記得她是針對一位英國作家一本有關探索人體與成長過程的書所作的心得報告，流暢的筆觸，深入淺出的分析，點出男女成長過程每一個階段的生理與心理變化，並輔以自身所見所聞，很有見地的說明人性、情慾、社交關係等的特徵與變化，描述得眞的是絲絲入扣，堪比名家大作毫不遜色。

因爲上課很少點名，從名字猜得出是女生，但對不上是哪一位，看了這篇報告後，很想認識她一下。等下學期上課時，就特別注意修課同學名單，發現有她的名字，趕緊點名確認一下，才知道就是上學期坐在第一排，上課專心聽講，勤做筆記，看起來聰明伶俐的可愛女生。

其後在大學四年中，只要我的課她都會修，而且都在同一個位置，永遠專心聽講，勤做筆記，只是後來大部分的課，期中、期末成績都以筆試爲主，再沒機會欣賞到她那文筆流暢，內容深入，論理精闢的報告。

她畢業後，我們這個系配合教育部政策，一分爲二拆成兩個學系，我被校長圈選爲新成立的系主任，在暑假期間，我正帶領助教、工讀生忙著規劃布置系辦的空間設置，這位畢業一年的張同學突然造訪，說要申請到美國念碩士，想拜託我寫一份推薦書。

然而我並非美歸派，和她要申請的紐約大學也沒有淵源，她說沒有關係，就是要我推薦，而且早已擬好一份推薦書，只要我簽字就行。其實我內心清楚，寫推薦書只是一個藉口，從她在大學四年修課的情況，套句校園常見用語，這是典型的學生「暗戀」情懷。

隔了好久，我記得第一學期都快結束，有天接到張同學來電，告訴我紐約大學已審核通過她的申請，想要請我吃飯，謝謝我的幫忙。

我欣然赴約，那天聊得很愉快，就這樣我和她撇開了師生既定的桎梏，摒棄傳統的約束，有了進一步的交往。我才了解張同學家世不凡，父親、哥哥都是醫生，媽媽也是大學教授，住在臺北蛋黃區的高級住宅，但她本人非常簡樸踏實，言行舉止有方，完全沒有大家貴秀的嬌氣。

讓我意外的是，她申請紐約大學的藝術學院，我很好奇，依在學四年的觀察，只知道她的文筆很好，思維敏捷，有超強的論理邏輯觀念及學術研究潛力，從未發覺她有其她特殊的藝術表現。她笑笑地說，她的興趣很多，最喜歡創意設計，這次要去美國唸服裝設計，還說從小就是數理質優生，在學期間都在兼數學家教，賺零用錢。

更讓我佩服的是，她還燒得一手好菜，我們見幾次面後，她主動提議要來我住處下廚燒幾樣菜，還記得她騎摩托車來，載了好幾個提袋，除了食材之外，竟然還帶了鍋碗瓢盆，她說習慣用家裡的廚具。

她的廚藝確實一流，不但烹調動作熟練快速，煮出來的菜更是色香味俱全，我問她學過烹飪？她說看媽媽煮就會了，眞是少見的才女。

就這樣我們交往了幾個月，學校終於要開學了，她隻身負笈遠赴美國求學。那時候還沒有智慧型手機，我們都是用電子信箱互通有無。她幾乎每一、兩天就會寫些一封文情並茂的長信，我則三兩句回應，這跟對她的感情好壞無關，而是我一向不喜歡寫信，到現在還是如此。

那一年聖誕節期間，她放寒假回臺，我正在趕寫申請國科會研究計畫，幸虧有她幫忙找外文資料，還兼打字小姐，讓我順利獲得通過補助。

元旦過後，她回紐約，我們依然保持原有的聯絡模式，她拿到碩士學位後回臺休假，跟我說要繼續修讀博士，可能還要在美國待上三、五年。此時，我心裡有數，跟她的關係大概也是到此爲止，她再去美國後，我們的通訊就逐漸減少，最後就這樣無疾而終。

❖───────❖───────❖

我有一段期間兼任通識教育中心主任，有一年的六月，正是鳳凰花開時，我站在窗邊，看到畢業班的同學個個興高彩烈，青春洋溢地在校園各個角落留下美麗身影，心裡也隨之輕鬆喜悅起來，目睹她們多年成長，就期待這個日子的到來，希望他們將來都能有所作爲，闖出一片天地。正在沉思之際，突然有人喊我：

「老師，老師，海哥老師。」我轉頭一看，兩位系上畢業班的女同學，站在辦公室門口叫我，趕緊請她們進來。

「恭喜妳們，就要畢業了。」

「謝謝老師，感謝老師這幾年的教導。」

「不客氣，妳們都很優秀，在校期間表現得都很好，好希望妳們延畢，這樣我們每天都還可以見到面。」我開玩笑地說。

我了解同學最怕的就是被老師問：「畢業後要做什麼啊？」這無疑是給她們一記左勾拳，重重一擊。學社會科學的學生，除了繼續升學讀研究所，或考上公職，少有一畢業就馬上找到理想工作，通常都要歷經磨練，甚至跌跌撞撞，才能慢慢在社會上站穩腳步。

起初我以爲她們單純來道別，聊了之後才知道別有用意。

「老師，我們畢業後還是可以見面啊！」

「嗯！沒錯，以後歡迎回到學校來走走。」坦白說，這句話是十足的社交用語，客套話。

根據我的觀察，學生畢業後回會學校的幾個可能，一是要考試，發現書沒讀好，只好跑回學校問老師；另一種情況是，學校要評鑑，邀請同學接受訪談；或者是，同學在社會有了不錯的表現，譬如考上空姐、高考，或留學回國等，也會回學校報喜；還有一種比較特殊，在社會上遇到瓶頸，有的也會回學校找信任的老師訴苦或尋求協助。

「老師，學校這麼小，沒什麼好走，要走就到外面，有空可以跟老師一起到外面走走嗎？」

「好啊，沒問題。」

「老師，我們想跟老師要個電話，方便以後聯繫。」於是，我和這兩位同學有了後續的互動。

她們離校之後，我們三人就經常相約喝咖啡聊天。其中一位姓劉的同學，家住宜蘭，他爸爸自營汽車修理場。在一般情況下，路途這麼遙遠，就算是學生家開的，平常不太可能把車開去給他保養，想不到後來竟派上用場。

有一年暑假，我住金門的弟弟帶小朋友來臺灣度假，一家四口人，說要去宜蘭冬山河童玩節玩水，我就開車帶他們去，在回程即將進入雪山隧道時，車子溫度突然飆升，引擎瞬間發出高分貝的刺耳唧唧聲，剛好旁邊有一條引道，我趕快把車子開進引道停下來，看來車子過不了雪隧，正當煩惱要如何處理時，突然想到劉同學爸爸不是在宜蘭開汽修場嗎？隨即撥了電話給她，不到半小時，她爸爸就開了部救援車把車子拖到修車廠，很快就修好了，還堅持不收費。後來我都專程開到宜蘭請她爸爸幫忙保養，當然有給修車費。

我和劉同學也三不五時會單獨約出來吃飯聊天，師生關係變成朋友關係，也是難得。而她現在已經是賓士汽車的王牌銷售員，年收入數百萬元。

至於當時跟她一起到我辦公室的另一位同學，姓何，我跟她，就有點意思了。

何同學長得端正秀麗，人緣很好，非常平易近人，住在臺北市區，可能因爲地利之便，我們一般每週都會見面一次，逐漸熟稔之後，就常會回我住處聊天、看電視，閒話校園趣事，彼此之間很自然會有一些比較親密的動作，我們是朋友又有點像情人，關係曖昧，定位不明，但相處感覺輕鬆快樂，十分舒情愜意。

她是B肝帶原者，在學校時就有一些症狀，面色比較暗沉，容易疲倦，不耐激烈的動態活動。有些欠缺同理心的老師，曾在課堂上公開責怪她：「某某同學，妳來學校都很匆忙嗎？每次看到妳都沒洗臉的樣子。」

她的身心深受打擊，雖然同學都知道其身體狀況，但還是讓她覺得很沒面子，對老師的態度，也不敢有所反駁。還有一次上體育課時，她跟老師說無法做太高難度運動，老師竟然說：「想偷懶是嗎，我看太多了，跟不上就不要修。」

不可否認地，有極少數的老師，或是專業不足，或是情緒控管不佳，或是教學不力，遲到早退比學生還嚴重，要難能給學生有多好的教育典範。

我還聽過一位在職班同學講述某位老師的行徑，簡直匪夷所思。這位老師有美國長春藤名校博士美譽，發表不少SSCI（社會科學引文索引）的期刊論文，學術研究能力不是問題，系上老師寧可不計其沒有教學經驗而特予錄用。只是，進入系上後，才發現她的教學態度與其學歷和能力完全不成正比。

在職進修班都在夜間或假日上課，爲不使學生趕上班上課的舟車勞頓，每週二小時的課會調整爲隔週上課，每次上四小時。因此，一學期原則要上九次課，聽說這位老師每學期頂多上四次課，而且每次上不到三個小時，其他時間都約同學到KTV喝酒歡唱，據同學爆料，喝到微醺將茫時，老師就會跳上沙發又綳又跳，忘了她是誰？最後更都由同學分攤買單。

坦白說，大部分的學生都喜歡這樣的老師，放牛吃草，輕鬆上課，少管鳥事，管他學生曠課遲到，看手機不看黑板，趴著狂睡猛做白日夢，都悉聽尊便。這樣還不夠，學期成績還得給高分，否則下學期小心被群體抗議拉黑你的課。

我不擔心學生以選課要脅，通常在第一堂課，都會先約法三章，要求三不原則，不能沒理由缺課，不能看手機電腦，不能睡超過三分鐘的覺，如果不能接受，一週內趕快去退選。負責任地說，如果有同學修我課沒聽過我說這些話，在看到本書後，麻煩來函指正，保證退還加倍書款。

我和何同學常聊到在學校的一些事情，有次問她，我上課這麼嚴格，怎麼妳畢業後還想跟我聯絡，她笑著說：「就因爲老師認眞教學，雖然嚴肅，直覺應該很正派。」

她說，老師要求雖多，但還是有很多同學喜歡老師的課，主要是上課內容豐富，言談幽默，很能吸引同學。

我們就這樣亦師亦友的相處的一年多的日子，有一天，接到她的電話：

「海哥，我想跟你討論一件事情。」我說：「好啊。」

她說：「我們不要再見面了好嗎？。」

「怎麼突然這麼說？」

她說：「最近我把我和老師約會的事講給同學聽，同學都反對。」

她解釋：「同學說，怎麼能跟老師談戀愛，而且以老師的年齡和我們相比，就像是長輩，這樣很不恰當。」

我問：「妳覺得呢？」

她說：「我也不知道。」

聽她這麼回答，我知道是時候了，就跟她說：

「也許妳同學講得沒錯，我們可能眞的不適合在一起。」

「海哥，你也這麼覺得？」

「跟妳相處很快樂，更讓我覺得年輕起來。只是，年齡確實有點差距，從長遠的角度來看，妳的未來還有很長的路要走，外面有很大的空間值得妳探索，跟我這樣下去，可能也不是辦法。」

「海哥，這是你的眞心話嗎？」

「這是我預見的將來。」

「是喔！這樣我就放心了。」

這是我跟她的最後對話，至此以後，雙方完全斷了音訊，我想這也許是最佳的處理結果。

❖ ❖ ❖

我擔任教職前幾年，幾乎以校爲家，大部分時間都待在學校，週末假日也不例外，有好幾本書就是這樣寫出來的。

在某個週末，一大早來到研究室，假日上午，校園很安靜，正是能集中精神，專心思考的時刻。因爲不受干擾，文思特別泉湧，一坐下來就振筆疾書，直到接近中午十分，有點累了，起身活動一下筋骨，打開門走出來，就看到樓梯口有位女生，站在階梯中間轉角處看似是要往上走，我們四目對望，咦！這不是在職班的同學嗎？

記得她是在職班二年級研究生，我在她們一年級下學期開了一門課。問她怎麼今天會來學校？她說因為到附近辦事，聽我在課堂上說過假日都在學校，就過來看看。既然是有心過來看我，我就請她進研究室聊聊。這一聊就到中午了，於是便一起出去吃午餐。

再過幾天，適逢雙十國慶，我收到外交部邀請參加當晚在台北賓館舉行的國慶酒會，那是因為當時有位外交部的官員在我們系上兼課，承蒙他的引介，我參加了好幾年的國慶酒會。

因為國慶酒會是在晚上舉行，我們學校距臺北賓館很近，我和往常一樣上午先到學校，打算待到晚上直接去會場，不意她在下午一點多又出現在我們學校，這次她直接到研究室敲門，我被他嚇一跳，本來以為上次只是偶遇，從不曾想過和和她還會有進一步關係。

看我穿西裝打領帶，她問敢嘛穿這麼正式，我說晚上要去參加國慶酒會，她馬上嚷著也要去，我說：「不行，外交部規定要穿正式服裝，男士深色西裝，女士要著套裝，妳穿牛仔褲，恐怕不讓妳進去。」在她看來，能參加國慶酒會是何等榮耀的事，一直央求帶她去，說可以回去換衣服。

我只好試著打電話詢問外交部承辦人員，可否臨時攜伴，他說歡迎，我問穿牛仔褲可以進場嗎？他說請柬是這麼規定，但一般現場不會嚴格執行。於是，當天晚上就帶她參加了國慶酒會。

聽說可以參加，她興奮到不行，也不失所望，不但在會場門口有外交部長迎接和她握手，還近距離看到她極爲崇拜欣賞的總統，以及國內外達官顯要，尤其還能吃到臺灣各種有名的小吃飲品。

我們正穿梭於賓館內外大啖美食時，竟巧在會場遇到我們學校校長，這讓我有點小尷尬，猶疑要怎麼向校長交代我身旁這位美女？正在思考時，同學已先開口，大方的跟校長打招呼並自我介紹她是在職班的學生。校長聽了，先是楞了一下，接著笑開來說，怎麼只帶一位，三人相視而笑，化解了心中的忐忑。

從那之後，我們就經常見面。

她畢業於花蓮師範學院，畢業後回臺北市的一所小學任教，父母親都是公務人員，出生背景相似，更巧的是，她媽媽跟我是小同鄉，在沾親帶故下，特別容易拉近彼此的距離。

剛好那時我和一家出版社簽約，接受委託撰寫一本高職的「公民與社會」教科書，依據教育部課綱，有一章討論我國憲政體制，我構思要在課本中呈現五院的插圖。她說蠻喜歡拍照的，主動要幫我拍攝一些照片，就這樣，我們利用假日，開車到相關政府機關拍照，順便四處吃喝遊玩。

幾個月後她畢業了，原本那種無形的師生倫理禁忌終於解放，我們也就很自然地發展出親密的關係。

有一天，她跟我說，下星期天她和父母親與弟弟要去餐廳吃飯，問我要不要去？一語驚醒了我，又要面臨關鍵時刻了嗎？平心而論，如果我要再婚，她應該是蠻合適的人選。可是，怎麼一聽要見她父母，心中就莫名萌生排斥甚至逃避的念頭？

我跟她說：「再說好了。」

她問：「你不想見我爸媽？」

「不是不想見，只是……」不知道要怎麼說明。

「好吧！以後再說。」

聽她這麼一講，我鬆了一口氣，但感覺得出她在生氣了。

其後，我們表面和往常一樣約會，只是可能因爲大家都忙，見面的次數沒那麼多，而她再也不提邀請去見她家人的事，女人的心思本來就比較細膩敏感，一旦讓她對你產生信任危機，就很難解釋得清楚。

大約有半年時間，僅止於手機聊天，已經甚少約出來見面，有一天接到她來電，告訴我說她要結婚了，雖然十分突兀，但我早有心裡準備，所以平靜地說：

「恭喜妳囉。」

她說：「我就知道你會這麼說。」接著問我：

「我結婚你會來嗎？」

我說：「妳邀請我一定會去。」

「謝謝！」

兩個月後，收到她的喜帖，到了婚宴會場，才發現她沒有請學校其他師長，我被安排和在職班同學同桌，席上，有一位同學問：「怎麼沒看到系上別的老師。」另一位同學說：「海哥，新娘只請你耶！老師多有面子。」我笑笑說：「因爲我們是同鄉。」

婚禮進行中，主婚人提及新娘還在進修碩士學位，接著就環視全場，問說有某某大學的老師在場嗎，同學起鬨叫說：「在這裡。」主持人隨口問說可以上台講幾句話嗎，我看新娘示意要我上台，就緩緩走上婚禮台，走得很慢，因爲在想要說什麼。

在這鬧哄哄的婚宴上，來賓講的話永遠都被會場賓客的嬉鬧聲所掩蓋，每次參加別人的婚禮，大概只有我會全程仔細聆聽來賓致詞的內容，因爲深怕哪天台上站的是我，沒有一個人要聽我講話。

我講得很短：

「我很高興能作爲某某同學的老師，也很爲今天的新郎官感到高興，因爲我知道新娘必然是一位出得了廳堂，入得了廚房的好媳婦……。」講到這，故意頓了一下，馬上有人在台下喊：「還有呢？」我就順著說：

「至於上不上得了牙床，要等今天晚上新郎官來印證。」台下一陣笑聲，最後一句結語：

「但前提是新郎官今天不能喝醉。」在會場一片哄堂大笑中，我輕鬆的走下台。

過了幾年，在臉書上得知她接續生了兩位可愛的寶寶，一家和樂融融。

校長扮月老難解孤獨魔咒

我離婚時三十七歲，尙屬靑壯之年，除了前述曾自行登報徵友外，也時常參加一些婚友活動，但少有認識交往的對象，有的話也是曇花一現。平常生活周遭，許多同事老友看我每天獨來獨往，總替我設想應該還是要找個對象安定下來，不時就會有人扮演月老，居中穿線撮合。

印象最深刻的是一位老長官，引薦我認識一位特殊的女子，也在大學任教，所謂特殊，是她的學術專長爲「性學」研究。一般遇到初次認識的朋友，爲了打開話匣子，都會找對方擅長有興趣的話題來聊，但一聽她是國內少數的性學專家，我猶疑好久，到底要不要問她研究的心得與成果之類的，問了之後，她會談些什麼？後來一想，萬一掀開的是潘朵拉盒子就不妙了，更何況在長官面前，似乎不宜深入討論這方面的內容。

而這位教授雖然研究的領域很前衛，個性卻有點靦腆，不太主動找話題，我心想，是不是她覺得我和她不「速配」，她要找的可能是一個豪邁開放，毫無禁忌跟她大談性愛的人，或是有著模特兒身材、體格健壯的性格男。反正，那天的氣氛頗爲沉悶，至後也就無疾而終。

說到長官介紹對象，我想大部分的人都會戰戰競競如同赴一場鴻門宴，能免則免。問題是，若長官都已經開口了，你想避開恐怕也很難。可是如果長官不跟你明講，暗中藉機撮合，尷尬的可能不是當下，而是在事後。

我就遇到過有兩位校長，非常用心規劃安排橋段，竭盡可能幫我介紹對象，可惜我不上心，辜負了他們的好意。

❖ ❖ ❖

我到學校任教第二年，校長改選，新任校長是我們系上的老師，上任不久，在一個週五的下午打電話給我，說：

「陳老師，你明天下午有空嗎？晚上六點到新店〇〇路〇〇飯店來，請你吃飯。」

校長原本是單純系上同事，按理可以打成一片，可現在身分不同，說要請我吃飯，還是覺得有點受寵若驚。而他雖然問我有沒有空，但其實那有說沒空的空間。校長沒說爲何要請我吃飯，也沒說還有誰，我也不好意思問，絞盡腦汁，還是想不通這頓飯的用意何在，搞得整晚失眠。

週末下午，我提前到飯店，在附近逛了一圈，這個地方我早期在軍中常來，當時訓練班就在附近，只不過那時沒有這家觀光飯店。後來剛離婚時跟羅小姐也常來這裡遊玩，這一晃二十幾年過去了，睹物思情，不由得想起斯人可好，是否已再度投胎轉世，說不定現在是個亭亭玉立的少女了。

到了約定時間前五分鐘，我先到飯店，不一會兒，校長來了，校長夫人跟在後面，身旁還有一位我不認識的小姐。

我們進餐廳坐定點完餐後，校長跟我介紹：

「這位是劉○○，我的表妹。」

其實在門口看到他們一行三人，我心裡就有數，校長要介紹女朋友給我，只不過從見面到吃完飯，沒人提及介紹這兩個字，大家都心照不宣，只顧天南地北地聊天說事，等到要離開飯店，校長才說要我們互留電話。

我們認識後約一星期後，校長打電話問我又沒有和表妹聯絡，我說最近剛好在趕一篇論文，等寫好再和她聯絡。

在大學當老師，除了教學外，最重要的就是做研究，而社會科學的研究，都是要長篇大論，不像理工領域，著重實驗。我的思路不夠快捷，一篇論文有時要寫上大半年，還要修修改改，寫一本專書更要花上一、兩年，所以如果要拒絕某人邀約，最好的藉口就說在趕論文。

又過了一陣子，我在校園遇到校長，遠遠的就把我叫住，第一句話就是問有沒有和表妹聯絡，我說論文完成就會聯絡。

感覺校長會繼續緊迫盯人，總要做做樣子，所以刻意等個兩、三天後，撥了電話給劉小姐，簡單寒暄之後，直接約她見面，我們相談甚歡。

對我而言，劉小姐還蠻年輕的，大約小我十五歲左右，書香世家，是校長姑媽的女兒，在美國取得幼教碩士及教育學博士學位，回到臺北，先擔任幼教老師，後來自己經營幼稚園兼任園長。

劉小姐不但學識好，事業有成，人品、外型更是一流，個性溫和，五官清秀亮麗，身材玲瓏有致，可謂人中之選。

儘管對方無懈可擊，但我就是沒有太大動力，校長這邊可是積極得很，不管在什麼場合，只要遇到我，一定問起劉小姐的事。

爲了對校長有個交代，我陸續又和劉小姐約見了幾次，其實跟她相處蠻愉快的，她的經驗與學識，有很多可以交流學習，如果是在年輕的時候，或是我沒有經歷過那一段婚姻，也許我們會很快升溫發展。

在那段時間，我努力改變自己的心態，試圖建立起感情的信心，然而，當她興致勃勃構思未來的婚姻與家庭的美麗願景時，我卻愈聽愈不安，心裡發得慌，深怕她把希望和我扯上關係。直接的反應就是減少聯繫，避免造成對方過度投入。

因此，隔了好長一段時間，我沒有約她出去，只有偶而在線上通話，校長得到消息，特意打電話問說：

「你最近在忙什麼？表妹說妳們很久沒見面。」

我說：「報告校長，經過這一陣子相處後，發現劉小姐那麼優秀，我覺得可能跟不上她的腳步。」

校長說：「那有什麼跟得上跟不上的事，我覺得你們很合適啊！」

我只好回說：「是，是。」除了順著應諾外，也想不出有什麼更好的說詞。

雖然有校長的壓力，但是相較起感情的糾葛，我還覺得應付校長的壓力比較容易，至少不會有長期的後遺症，所以維持一貫原則，僅止於電話聊天，不想再跟她見面，沒有見面，心裡負擔就減輕不少。

經過時間的稀釋，校長也就不再問起我和他表妹的事。直到有一天，校長的長公子結婚，在送喜帖的時候，校長跟我說：

「表妹那天當招待，你們有空多聊聊。」我點頭直說：「好，好。」

婚禮那天，一進到會場就看到她，熱絡的跟我打招呼，但因爲客人很多，我們沒有多聊。直到婚宴結束，我還特別找時間跟她多談一會。發現經過這段時間的冷卻，她顯得十分大氣，似乎比起以前更爲健談，少了一些多愁善感的因子，讓我釋懷不少。她果然是一位兼具智慧與情商的女性。

在此之後，我們又在幾次學術研討活動中見過幾次，其時的互動已經變的像是老朋友般自然而親切，沒有壓力，沒有負擔的談笑風生，相處得非常愉快。

等到校長卸任回系上時，在一次會議場合我主動向校長問起劉小姐可好，校長說她現在一心投入幼教工作，沒有進一步的感情故事。

衷心祝福她，也誠摯感謝校長。

接任的校長是本校首位由他校空降且非教育專長的教授，原本就在一所知名私立大學擔任校長多年。

民國九十四年，師範校院政策有了轉變，教育部規劃將培育國小師資的教育大學逐漸改制爲綜合大學。本書先前提過，在我們學校，我任教的學系率先調整，原本一個系拆分爲二個系，保留一個仍以師資培育爲核心的系所，另成立一個新系，以培養公共事務人才爲主，師資則由原屬法政經社專長的老師爲班底，逐步擴充之。校長指派我籌劃新系的設置事宜。

關與校長任命我擔任新系主任，還有個插曲，似乎很值得一提。大學系主任都是由各系專任教師自行選出，提請校長任命，但是新設立學系的第一任主任，則依規定由校長指派。

我們這個系在教育部核准設立之後，就有人向校長推薦，也有教授毛遂自薦，校長在經過諮詢相關人等之後，決定要我出任新系主任，但因爲擔心有意爭取的人反彈，他特別選在出國出差前一天下午下班前才核定人事令，在召見我告知此事時，特別叮嚀說：

「此項人事命令先不要說出去，我選在今天出國前才核定派令，就是爲了避免有老師會反彈，横生枝節，所以務必保密。」

這個社會凡是涉及「人事」的事情最複雜，通常都會衍生出一大堆爭權奪利的問題，公務機關更爲嚴重，相關人事任命，最怕「見光死」，若在還沒核定前消息曝光，落選者通常會竭盡所能，找關係寫黑函，想辦法拉黑對方，爭取一線生機。

就算一個小得不能再小的大學系主任，校長都會擔心產生變數，費盡心思避免不必要的麻煩。於此可想而知，人事問題的「眉角」會有多少。

校長會任命我出任新系主任，自是對我有一定的瞭解與信任。隔年春節剛過，學校甫開學，校長突然打電話來問我：「週五下班後有空的話，我們一起去平溪放天燈。」校長邀我放天燈？儘管他和我關係算是不錯，但也不至於熟到讓我參與這種私人行程。可既然是校長親自邀約，能說不嗎？趕緊說：「有空有空。」

當天下午，依約到學校大門口，看到已經有好幾位教職員在場等候，原來不是只有我，才知道今天有兩部車的人一起過去。

當天我們先抵達平溪，把車停妥後，準備先至餐廳用餐，再回附近一所國小操場放天燈。到餐廳後，有另外一批人跟我們會合，是我們校長在前一所大學擔任校長時的部屬。進餐廳時，我很自然走到校長這一桌，校長笑著跟我說：

「抱歉，這桌人滿了，你到隔壁桌，那邊還有一個位子。」

我只好轉到另外一桌，就剩一個位子，而這一桌全是校長舊屬，我一個也不認識，對面是一位小姐，後來才知道是他們學校圖書館館長。

聊了一陣之後，發現氣氛有點不尋常，怎麼全桌人的話題都環繞著這位館長，她則顯得有些拘謹，此時我心裡已然有底，原來校長要我坐這裡，是早就安排好的橋段，而今天邀我來的目的，不就是想要撮合我們嗎？既來之則安之，大家很自然的吃飯閒聊開玩笑，晚餐後，一群人嬉鬧地進入校園，開始放天燈。

放天燈時，人群打散了，我和我們學校一位同事，兩人一邊聊天一邊在天燈上寫些吉祥祈願文，她問我：

「你有沒有覺得今天氣氛有點特殊？」

「有嗎？」

「我覺得她們好像在拱著將你和對面那位小姐湊成雙。」

「是喔！」

大約兩星期後，校長打電話要我去他辦公室一下。

到了校長室坐定後，他說今天不談公事，我琢磨著應該是要說這件事。

果然，校長旁敲側擊地問：「還記得那天放天燈吃飯時坐你對面的那位小姐嗎？」

我說：「記得！記得！」

「她姓黃，是館長，你對她印象如何？」

「很好啊，人長得很漂亮，也很客氣。」我也不完全是客套話，那爲小姐確實很端莊，看起來也很和善文靜。

「那就好。」校長講完，起身拿了張黃色的便利貼，寫上黃小姐的姓名和電話，然後把條子遞給我，說：

「黃小姐說對你印象很好，歡迎你有空打電話給她。」

校長完全不提那天的事。在給我電話時，也沒明講要跟我介紹，感覺像是順水推舟做個人情而已。

校長顯然受到高人指點，精心規劃了放天燈這個串場，而且拉來了十幾位助緣者聯合演出這一齣媲美「媒婆」的劇情。但好像也明白這幾乎是個不可能的任務，所以選擇如此不著痕跡的作法。我也樂得這樣，大家心照不宣，來個自然偶遇，如果成了，那是天賜良緣，不成，也船過水無痕，雙方都不尷尬。

回到辦公室，看著手上那張便條紙，心裡盤算著怎麼處理，儘管黃小姐不論外型、內涵與背景都相當優異，可就是激不起我的動念。

然而校長的費心與期待，卻不能置之不理。我想了又想，一時之間似乎沒有更好的作法，只好以拖待變，暫時不去理它。沒多久，學校召開行政會議，心裡擔心校長會問我進展情況。平常參加會議，我都提早到場，那次刻意等會議開始了才進去，還選了個離主席最遠的位置坐下，就怕他會後找我問話。結果沒有，會議一結束，校長就起身離開會場。

後來一想，這也不是辦法，就撥電話約黃小姐喝咖啡，不曉得眞忙，還是女生本能的矜持，她推說最近比較忙，等以後有空再說。

過了約莫半個月，我再約她，她說不巧剛好要出國旅行，等回國後再說。在這之後，我就沒再和她聯繫，雙方如斷了線的風箏，從此沒了音訊，而校長這邊，直到他任期屆滿歸建回到原服務學校，都沒再向我提起黃小姐的事，好像從來沒發生過一般。

我後來一想，才驚覺到可能是對方根本沒有和我交往的意願，而不是女生的矜持或藉口，我是不是一廂情願，過度膨脹自己？但對校長的好意，我確實心領，銘記在心。

網路遇見小富婆

離婚之後的二十多年，承蒙不少長官、朋友及同學好意撮合，可惜都是不了了之，久而久之，熱心促成的人少了，加上年華逐漸老去，就算自己覺得孤單，有心交個朋友，已然四顧茫茫，無人濟渡。

感謝好友的提醒，既然求人不得，不如求諸網路，它不但人脈廣，可以介紹任何你想認識的人，它也會盡心盡力爲你服務，不用擔心有人情包袱。於是，我跟隨年輕人的腳步，闖入無限空間，穿梭於交友軟體之間。

有網路交友經驗的人都知道，要認識朋友容易，想找到談得上心的人可要看上輩子修爲。所幸我已看盡人間悲歡離合，不管遇到什麼樣的人，發生什麼樣的事，都能以平常心視之，就算遇到存心來亂，也能不慍不火，一笑置之。

就如有一次，一位看似溫文柔和的美眉加我賴，因爲我不是3C成癮患者，不會分分秒秒盯著手機滑到天荒地老，所以沒注意這位美女敲我，其實隔了沒半晌也加入了，只因沒秒回就觸犯天條似的，立馬開嗆：「這麼沒禮貌，想交朋友又不用心，我可沒這個美國時間等你。」我趕緊道歉：「對不起，我剛在坐捷運，沒看到妳的賴。」這麼低聲下氣，對方不但不領情，還引來更大火氣：「去死吧！難怪這麼大把年紀，還找不到女朋友。』」當下心裡雖然也是一把火，然深知跟這種不可理喻的人計較，只是浪費自己的生命而已，也就釋懷，笑由她去。至於其他例如只是騙吃騙喝貪點小利，假裝國際商賈想詐大財，或藉機拉保險賣產品，以及尋找刺激遊戲人間等形形色色的網友，我幾乎都遇過，而且族繁不及備載。

不過，我還蠻欣賞有一種網友，因爲她們十分坦誠，個性豪爽，說話單刀直入，絕不扭捏掩飾，更無欺瞞：「我要找一位可以依靠，有經濟基礎的好男人。」

「請問你有房子嗎，買在哪裡？」

「有車子嗎，開什麼車子？」

「你的父母還在嗎？」

「有小孩嗎？多大了？我不喜歡有還在扶養的未成年子女。」還沒完：

「我喜歡旅遊，一年至少出國兩次，喜歡包包，每年會買兩三個限量包。」其他小的嗜好，就不說了。

網路交友就是這麼好玩，總會讓你有意想不到的驚喜，大開你的眼界，正應了一句廣告台詞：「什麼都有，什麼都不奇怪」。

其實網路就是社會的縮影，也不是什麼都是負面。在我認識的網友中，有蠻多是眞正想交朋友找對象，只是雙方三觀不同，或是欠缺門當戶對要件，而無法站到同一條紅線上，抑或是曾經短暫迷戀，只因緣分未能俱足，最終還是勞燕分飛，這些都不是網路獨有的問題，而是一般社會現象。

當然，也有難得一遇的奇女子。有次和一位熟女聊上，雙方相約在內湖捷運站附近的速食店見面。一般網友初次約見，心存諸多幻想，至少希望男生體面一點，選一家氣氛好一點的餐廳，若是遇到男生開口約在速食店，不打退堂鼓，第一印象也會大打折扣。還好這次是女生主動約在麥當勞，我就順應而去，對男生來說，這樣的女生比較儉樸，或許不是敗家的那一種。

見面後，讓我大感意外，只見她打扮中規中矩，穿著得宜，談吐文雅，舉止有方。閒聊一陣後，她坦率地說：

「我有婚姻，有一個讀小三的女兒。」我一聽，頗爲失望，她應該感覺到我失落的眼神，就緊接著說：

「我是眞心找一位談得來的朋友，可以快樂在一起，互相吐露心事。」一時之間，也不知道要怎麼回應，她隨後補上一句：

「跟我在一起的話，錢不是問題。」後來我才知道，她先生是一位醫生，成天忙著賺錢，可能是這樣冷落了嬌妻。

那一次見面後，我沒有再和她聯絡，其後偶而想到這事，著實有點後悔。

❖

曾經和我有實際交往的網友也不在少數，其中有一位值得一提，雖然已經分手，到現在她還不時傳一些奇聞趣事的影片或金句來，我也很懷念過去我們共同度過上千個日子的快樂時光。

我是個性急的人，不耐在線上有一搭沒一搭的溫吞對話，所以聯絡上網友後，都會直接寫上 line 的 ID，大部分女生比較保守，都會說：「還不認識就加賴，不太好吧！」或是：「先多瞭解了之後再說。」我一律回應：「加賴後就會認識（瞭解）。」再有囉唆的，就列爲拒絕往來戶，不再理會，反正後面還多得是更漂亮的在等著呢！

有人回應加賴了，幾次寒暄後，覺得印象還不錯，雙方又相距不遠，二話不說，就直接撥打語音電話，不接的就不管他了，有接的就聊，聊不下去就算了，總有人可以聊得來。

在這樣磨磨蹭蹭中，遇到一位同樣姓陳的女生，一搭上線就談得很投機，但約她見面，死不出來，換了別人，已經死當，可不知爲何，還是耐住性子與她通話。

堅持了半年多，終於見上面，延續電話的感覺，從下午聊到晚上，接續晚餐，還踏著夜色到公園散步。我從小就被母親告誡農曆七月不要晚上在外面逗留，尤其不能去樹多或深山的地方，不巧跟她見面就是在鬼月，因爲怕被笑老派，也就管不了禁忌。有了第一次見面的好印象，後續約見就順利得多。

她的感情遭遇很令人鼻酸。專科畢業後就結婚，前夫是小時候在眷村青梅竹馬的玩伴，高中畢業後報考軍校，婚後長期在外地駐守，喜歡交些狐朋狗黨吃喝玩樂，搞得欠一屁股債，每次休假回家就跟老婆要錢。

演變到後來，經常酒後發酒瘋拳打腳踢，暴力相向，那時她已經生了兩個女娃，小女兒才剛出生不到兩個月，因爲擔心小孩沒有爸爸，死不肯離婚。

直到有一次被打到後腦左側頭骨凹陷併發腦震盪住院，最後是老丈人看不下去，下令女兒跟他離婚。留下兩個稚幼女兒，全由她一手拉拔長大，我認識她時，大女兒已經二十來歲。

她父親早年畢業於南京黃埔軍校，其後跟隨國民政府的部隊來臺，轉考空軍官校，是在臺培訓的首批飛行員，並順利成爲戰鬥機駕駛員。

在民國四〇年代，國軍還會不時跑到大陸騷擾對方，比現在共軍軍機經常進入我國航空識別區，或是跨過海峽中線，甚至逼近二十四海里鄰接區的繞臺擾台更具侵犯性。

記得讀國中時，曾經參觀過政府宣傳國軍突擊大陸的特展，一支隸屬國防部情報局的兩棲大隊，利用漁船僞裝，載運突擊艇到山東半島沿海再放下小艇，快速登陸攻擊海防陣地，造成共軍嚴重傷亡。

除了兩棲部隊的突擊，空軍在「中美協防條約」支援下，美方提供派遣 U-2 型機偵察進入大陸偵照，並另派偵照機及戰機在大陸沿岸巡戈，據說當時兩岸有默契，我偵照機飛進大陸沿岸十五浬內，共軍都是睜一隻眼閉一隻眼，當然也有擦槍走火的意外，雙方相互攻擊擦火交戰情事時有所聞。

她父親有一次擔任長機，帶領一架僚機編隊飛到大陸沿海執行偵巡任務，在毫無徵兆的情況下，那架僚機突然轉向朝內陸飛行，投奔共軍去了。

僚機飛行員已經投共，再嚴厲的軍法已拿他沒轍，倒楣的是沒投共的長機，他老爸沒有參與，也不知情，但依軍紀還是要受督導不周的連坐處分，她父親因此被處予無限期停飛。

一位空軍飛行員被禁飛，等同剝奪了他的軍職生涯。爲爭取名譽，他上書時任國防部長的蔣經國先生，懇請允許復飛，蔣先生還眞的指示空軍總部重新研議處分方式，其後雖准其復飛，但只能駕駛運輸機。不久後她父親就申請退役，轉任中華航空公司機師，並於民國七十二年擔任華航飛往荷蘭阿姆斯特丹的首航機長。

她父親從空軍飛官到民航機師，都屬高收入所得者，她就在優渥的環境下成長，從小住在新店郊區山上的別墅區，吃的用的都是高級名貴的東西，也很講究生活的品味細節，譬如吃飯時，餐桌一定要鋪上餐墊紙，每人一套全副陶瓷餐具，包括筷子架、湯匙架都不能馬虎，放置要正確，擺設要整齊。

就連喝咖啡，都有一定程序，咖啡沖泡好後，先放兩顆方糖，用咖非匙順時鐘輕柔攪拌，再將鮮奶沿著杯緣緩緩注入，讓牛奶順著轉動的咖啡形成一個黑白分流的漩渦，不能再去攪動它，她開玩笑說這是「卑鄙下流」（杯壁下流）。喝時只能用右手大拇指與食指端起咖啡杯，小口呡著慢慢啜飲。我發覺這樣喝咖啡不但顯得姿態優雅，喝起來也確實能感受濃郁的奶香味。我們常這樣坐在陽台，看著前方翠林綠樹生風搖曳，遠山雲海裊繞，飛雁成群掠過，悠閒享受下午茶時光。

不過，有一件事情，我一直都很難接受，她是夜貓族，每天都在凌晨兩、三點睡覺，直到午後才醒來。而我是不能熬夜的人，不論平時或假日，晚上十點一到，瞌睡蟲就上身，立馬想夢周公，早上六點準時起床，雙方都改不了各自的習慣，也是造成後來不能長期相處的原因之一。

她很有個性，做什麼都有一套特殊的見解，有時候覺得有理，有些則是不敢領教。某次出去逛夜市，她看到有個攤位排著長長人龍，就停下來跟著排，我問她這一攤在賣什麼，她說不知道，不知道幹嘛跟著排？她說反正是賣吃的，人多代表東西好吃，逛夜市不就是要吃東西，排就對了。感覺還蠻有道理。

她不用上班嗎，怎麼能每天都睡到自然醒，天天吃喝玩樂，享受生活？這就是她厲害的地方。

她長相甜美，皮膚白晰，國中時曾經拍過電影院上映前官方播放的廣告宣傳片。專科畢業後，即進入一家上市公司擔任公關，負責與政府財稅人員業務聯絡，工作十分彈性，細節她也不多講，反正就是協助公司節稅之類的事兒。做了十多年，不到四十幾歲就退休，是眞的退休，因爲她從此沒再到任何公司上過一天班。

當然，退休不代表沒在賺錢，因爲她人緣好，貴人也多，有一位父執輩的鄰居大叔，願意無條件挹注資金，並協助指導其從事法拍屋買賣，沒幾年功夫，竟讓她坐擁十幾間房子，從套房到三房兩廳都有，穩做包租婆。自己則一人兩窟，一棟在市區三層樓透天近六十坪，還有一間座落在山上知名別墅社區，女兒都住外面，她一個人兩地跑，冬天大都住在山下，夏天就到山上避暑。

我跟她交往三年多，經常陪著她上上下下，天氣好時會在山上住上三、五天，但大部分都待在山下，因爲生活機能比較方便。

我們能在一起這麼久，主要的一個原因是雙方都沒再婚的打算，認爲婚姻是生命中的麻煩製造者。一般社會觀念，婚姻是家庭的重心，但有時它造成的問題，遠遠比建立家庭的作用更具破壞性。

我和她都經歷過婚姻暴力的陰影，彼此感同身受。她常泛淚訴說不堪回首的過去，有一次說到當大女兒還在襁褓之中，丈夫就流連於酒肆之間，徹夜不歸，她常常抱著娃娃走到社區大門等先生回家，往往直到凌晨仍不見蹤影，就算回來了，看到的是一位滿身酒氣，神智不清，逢人就破口大罵的凶神惡煞，一進家門，不管小嬰兒還抱在老婆懷裡，就是一陣拳來腳去。每講到這些，總是忍不住情緒，潸然淚下，久久不能自已。就連我，已經分手好些年，在寫這段時，心裡仍然會爲她感到一陣酸楚。

我和陳小姐在一起，沒有任何心裡負擔，相處非常自在，可謂相知相惜。既然這樣，又怎麼還會分手呢？我也說不出一個是理來。

或許這就是傳說中的「命運的安排」。

雖然不在一起了，她還會不時賴我一下，傳一些覺得有趣的資訊或影片，就在本書付梓前，她寫了一些簡訊：「算算日子，已經五年了。」這麼快喔！跟她分手五年了。

還有一則，她說她準備了幾千萬，邀我一起去住高檔養生村。我回說：「養生村都是老人，身體多病痛，有些是被子女遺棄者，看了心酸，不如一人孤獨在家自在。」

後記

臺灣每年大約有十一萬對配偶結婚，將近五萬對離婚，離婚盛行率大約是百分之九左右，也就是說，每十個人中可能會有一個人是處於離婚狀態。這說明不是只有我，還有多得是急於想跳脫婚姻束縛的人。

是誰發明了婚姻？眞是一個令人又愛又恨的天才，創造了既是樂園又是枷鎖，剪不斷，理還亂的複雜關係型態。

在群體中的芸芸衆生，沒有結婚的人，常被問的一個問題是：「你什麼時要結婚？」或是「怎麼還不結婚？」等到看到你每天鼻青臉腫的樣子，又會經常被問：「你什麼時要離婚？」或是「怎麼還不離婚？」究竟結婚的意義何在？爲什麼大家趨之若鶩，又避之唯恐不及？

想結婚的人，結婚是轉大人的成長歷程，在我們家鄉，必須是結婚後才算是成人，始可參與宗族重大決策的議事；想脫離婚姻的人，則視離婚是新生活的重新出發，離婚雖然令人遺憾，但就有人能夠釋懷去享受那個遺憾。

婚姻沒有可資複製的固定模式，端賴每一對夫妻在婚姻過程中的實際體驗，持正面看法的人，覺得是一種共甘共苦的許諾，可以給予人們安全感和情感支持，使他們在生活中有一個穩定的伴侶和家庭，促進夫妻之間的情感連結和共同目標的實現。

對我而言，對婚姻曾經有過期待與憧憬，婚後也有短暫的歡樂與驚喜，可惜當共同目標難以實現，家庭關係轉爲緊張，感情連結就不再親密，此時婚姻無疑就是一種束縛與限制，形成難以解脫的枷鎖。

其實婚姻的本質沒變，變的是人心與思想。問題就在於，如果人心與思想會變，那婚姻就肯定也會變。

總結我過去四十多年的情感生活，一路走來，生命中一幕幕悲歡離合，不斷在身邊登場與落幕，每一段故事，背後都有一個無形的力量在牽引，跟著命運的劇本走。回首過去，縱有再多的快意，到頭來，還是孑然一身，不免感慨一切都是過眼雲煙，多得多失。

現在的我，重返自由，在這獨行的歸程，感受到自由其實隱含的就是孤獨、療癒與希望。這讓我想起我的一位同窗鄉親，有一回一起喝酒，在酒酣耳熱中，不免悲從中來，歎羨說他有妻有室，有兒有女，沉浸在一片家庭的歡樂氣氛中，他說了一句很有哲理的話：「那是你上輩子行善積德，燒得好香，沒有人欠你，你應該慶幸才是。」

香港有一位很有名的命理大師就說過這樣的話，婚姻不過就是一個「欠」字。我這位老鄉就是睿智，可以媲美大師。

諸君一定聽過看過多少夫妻吵吵鬧鬧一輩子，甚至痛苦一輩子，想分都還分不開，或許只能以他們互相欠債，才能合理解釋這些「歡喜冤家」的糾纏之緣。我也曾經牽扯數年，始得以恢復自由之身，所以上輩子應該也沒修好行、燒好香，可能欠得不多，還得快，而得以提早解脫。

能從婚姻的枷鎖中解脫，或尚屬值得慶幸，但是，如果沒有子嗣，對很多來說，可能比沒有婚姻更來得嚴重，就怕斷了傳統的傳宗接代大忌，況且以現在少子化的趨勢，這不是公然和政府唱反調，對不起國家嗎？可是，又有什麼辦法呢？

聽說當年乾隆下江南時，看見一戶人家居然在門楣上掛著一幅「天下第一家」的匾額，乾隆看了十分光火，責問此人想造反嗎？搞了半天，老爺只不過在炫耀五代同堂而已，這在舊時代，可是多光宗耀祖的大事，就算當今的縣太爺，每年在表揚模範家庭時，若有五代同堂的肯定會被優先選上表揚一番。

現代人觀念開放，就算一人一代同堂，大家也都習以爲常，有時還頗受他人稱羨。每次和同學同事聚會，他們最喜歡拿出來說事的兩件事，一好一壞。好事是退休了還要在家伺候兒孫，雖然都說辛苦，老骨頭快被折斷了，但說這話可是笑嘻嘻地，眉飛色舞，不就含飴弄孫嘛！壞事則全在唉聲嘆氣，人老了，健康亮紅燈，這裡不舒服，那裡不聽使喚，全身無一是處。

我確定這輩子無緣含飴弄孫，也就不用擔心老骨頭被拆，但是，沒人拆你老骨頭，它一樣會坍塌自拆。

不論你的婚姻如何幸福美滿，或是你有幾代同堂，到頭來，就是免不了一人獨走，只是聲音會有大有小：「一路好走」。

而我，命中注定一生是個羅漢腳，縱使曾經有再多的因緣記憶，再豐富的人生際遇，最終還是落得個緣起緣滅，一路好走。

文末，摘述宋朝三起三落，位極人臣的呂蒙正透析人生命運和天地自然變化循環的片段文字，作爲本書的自我批注：

> 天有不測風雲，人有旦夕禍福。天不得時，日月無光。地不得時，草木不長。水不得時，風浪不平。人不得時，利運不通。
>
> 余及第登科，官至極品，位列三公。上人寵，下人擁，人皆仰慕。言余之貴也！
>
> 余言：非吾貴也，乃時也，人生在世，富貴不可盡用，貧賤不可自欺。聽由天地循環，周而復始焉。

國家圖書館出版品預行編目資料

你們的緣分已經盡了：一個羅漢腳緣起緣滅的故事 / 無邊著
--初版-- 臺北市：博客思出版事業網：2024.3
面； 公分. -- ()
ISBN 978-986-0762-78-5(平裝)
1.CST: 無邊 2.CST: 回憶錄
783.3886　　113001780

現代文學 83

你們的緣分已經盡了：一個羅漢腳緣起緣滅的故事

作　　者：無邊
編　　輯：塗宇樵、古佳雯、楊容容
美　　編：塗宇樵
封面設計：塗宇樵
出　　版：博客思出版事業網
地　　址：臺北市中正區重慶南路1段121號8樓之14
電　　話：(02) 2331-1675 或 (02) 2331-1691
傳　　真：(02) 2382-6225
E - MAIL：books5w@gmail.com或books5w@yahoo.com.tw
網路書店：http://5w.com.tw/
https://www.pcstore.com.tw/yesbooks/
https://shopee.tw/books5w
博客來網路書店、博客思網路書店
三民書局、金石堂書店
經　　銷：聯合發行股份有限公司
電　　話：(02) 2917-8022　　傳真：(02) 2915-7212
劃撥戶名：蘭臺出版社　　帳號：18995335
香港代理：香港聯合零售有限公司
電　　話：(852) 2150-2100　　傳真：(852) 2356-0735
出版日期：2024年3月 初版
定　　價：新臺幣300元整（平裝）
I S B N：978-986-0762-78-5